교재기획팀·박창수 지음

동양북스

초판 4쇄 | 2023년 7월 1일

지은이 | 동양북스 교재기획팀 · 박창수
감　수 | 曹洁 · 丁香 · 王新
발행인 | 김태웅
편집 주간 | 박지호
편집 | 김상현, 김수연
디자인 | 원더랜드(Wonderland)
마케팅 | 나재승
제　작 | 현대순

발행처 | (주)동양북스
등　록 | 제 2014-000055호
주　소 | 서울시 마포구 동교로22길 14 (04030)
구입문의 | 전화 (02)337-1737　팩스 (02)334-6624
내용문의 | 전화 (02)337-1762　dybooks2@gmail.com

ISBN 979-11-5768-395-6 13720

ⓒ 동양북스, 2018

▶ 본 책은 저작권법에 의해 보호를 받는 저작물이므로 무단 전재와 복제를 금합니다.
▶ 잘못된 책은 구입처에서 교환해드립니다.
▶ 도서출판 동양북스에서는 소중한 원고, 새로운 기획을 기다리고 있습니다.
　 http://www.dongyangbooks.com

이 도서의 국립중앙도서관 출판예정도서목록(CIP)은 서지정보유통지원시스템 홈페이지(http://seoji.nl.go.kr)와
국가자료공동목록시스템(http://www.nl.go.kr/kolisnet)에서 이용하실 수 있습니다.
(CIP제어번호:CIP2018015697)

读万卷书, 不如行万里路;
行万里路, 不如阅人无数;
阅人无数, 不如明师指路;
明师指路, 不如自己去悟。

만 권의 책을 읽는 것보단 만 리를 걷는 것이 낫고,
만 리를 걷는 것보단 많은 사람을 만나 보는 것이 낫고,
많은 사람을 만나 보는 것보단 좋은 안내자를 만나는 것이 낫고,
좋은 안내자를 만나는 것보단 스스로 깨닫는 것이 낫다.

가끔은 앉아서 하는 여행인 독서 대신
진짜 여행이 필요할 때가 있습니다.
여행은 세상 사람들과 소통하게 해 주는
또 다른 통로이기 때문입니다.
여행을 하기 위해서는 좋은 안내자가 필요한데,
이 책이 그 역할을 충분히 할 것입니다.
『나의 첫 여행 중국어』로 공부하고 중국에서
좋은 추억 많이 만드시길 바랍니다!

 : 차례 :

이 책의 구성 및 특징 · 6
간략한 국가 정보 · 8

Part 3
중국 공항에서

46
입국 심사 받기
48
수하물 찾기
50
세관 검사 받기
52
환전 서비스 이용하기
54
공항 안내소에 문의하기
56
#중국인의 식생활

#중국 영화 속, 그 장소

Part 5 숙소에서

72
체크인 하기1(예약을 안 한 경우)
74
체크인 하기2(예약을 한 경우)
76
호텔 서비스 이용하기
78
문제 해결하기
80
체크아웃 하기
82
#간략한 숙소 정보

Part 1 단어&패턴

12
여행 가서 살아남는 생존 단어
20
여행 가기 전에 알면 좋은
생존 패턴 10

Part 2 기내에서

32
자리 찾기
34
기내 용품 요청하기
36
음료 서비스 요청하기
38
식사 서비스 요청하기
40
면세품 주문하기
42
#계절별 추천 중국 여행지

Part 4 교통수단

60
지하철 이용하기
62
버스 이용하기
64
택시 이용하기
66
기차 이용하기

Part 6 거리에서

86
길 물어보기
88
길을 잃어버렸을 때
90
#중국 길거리 음식 추천

Part 7 식당에서

94
자리 문의하기

96
주문하기

98
문제 해결하기

100
계산하기

102
패스트푸드 주문하기

104
카페에서 주문하기

106
술집에서 주문하기

108
#중국 메뉴판 첫걸음

Part 8 관광할 때

112
관광 안내소에 문의하기

114
관광명소 구경하기

116
사진 찍기

118
공연 관람하기

120
마사지 받기

122
#중국 볼거리 추천

Part 9 쇼핑할 때

126
쇼핑 관련 질문하기

128
옷 구매하기

130
신발 구매하기

132
슈퍼마켓에서

134
계산하기

136
교환 및 환불하기

138
#중국 슈퍼마켓에서는 뭘 살까?

Part 10 긴급 상황에서

142
분실 및 도난 사고 당했을 때

144
아프거나 다쳤을 때

146
교통사고 났을 때

148
#중국 브랜드 차(茶) 전문점

Part 11 귀국할 때

152
항공권 예약하기

154
항공권 예약 변경하기

156
탑승 수속하기(체크인)

158
탑승 지연 및 비행기를 놓쳤을 때

160
#중국 본토 프랜차이즈 음식점

Part 12 기본 표현

164
인사하기
자기소개하기
숫자
화폐
시간

: 이 책의 구성 및 특징 :

『나의 첫 여행 중국어』는 현지에서 바로 쓸 수 있는 표현을 엄선하여 기내에서, 공항에서, 호텔에서, 중국 각지에서 장소에 맞는 대화를 할 수 있게 12가지 주제로 나누어 정리하였습니다. 중국어를 잘 몰라도 사용할 수 있게 한글 발음도 함께 표기하였습니다.

※ 표기법 – 책에 나오는 인명, 음식명, 지명 등의 한글 표기는 '외래어 표기법'을 기준으로 하되, 대중적인 명칭과 독음을 혼용하여 표기를 허용하였습니다. 한글 발음은 중국어 발음에 가장 가까운 소리로 표기하였습니다.

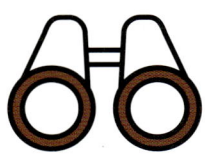

★ 생존 단어
장소별로 가장 많이 접할 수 있는 단어만 모아 사진으로 보기 좋게 정리하였습니다.

★ 생존 패턴 10
'~은 어디예요?', '~을 주세요' 등 현지에서 꼭 필요한 패턴 10가지만 뽑아 정리하였습니다.

★ 여행 가서 바로 쓰는 문장
내가 가서 할 말과 예측 가능한 상대방의 말도 정리해 넣었습니다.

★ 핵심 표현
현지에서 가장 많이 쓰는 핵심 표현을 넣었습니다. 원활한 의사소통을 위해 이 표현은 꼭 알고 가세요!

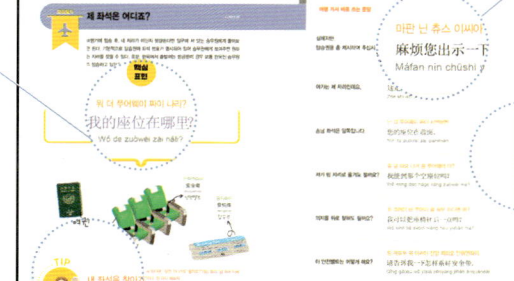

★ 인덱스
언제 어디서든 찾아보기 쉽게 인덱스 표시를 넣었습니다.

★ Tip
상황에 따라 필요한 단어나 여행 전 알고 가면 좋은 유익한 정보를 Tip으로 정리하였습니다.

★ CHINA CULTURE
중국에 가서 무엇을 먹을지, 어디에 머물면 좋을지, 무엇을 사면 좋을지에 대한 다양한 주제로 내용을 구성하였습니다.

『나의 첫 여행 중국어』 부록

1. 무료 MP3 파일 제공!
   - 스마트폰 : 스마트폰으로 QR코드를 스캔하면, 다운로드하지 않고 본문 음성을 바로 들을 수 있습니다.
   - PC : 동양북스 홈페이지(www.dongyangbooks.com)에서 별도의 회원 가입 없이 무료로 음원을 다운로드 할 수 있습니다.

2. '나의 여행 메이트(핸드북)' 제공!
   여행을 갈 때, 가볍게 챙겨 갈 수 있는 핸드북입니다. 현지에서 바로 사용할 수 있게 생존 표현 20문장을 넣었습니다. 부록에 들어가는 생존 표현에는 다른 여행객들과의 소통을 위한 영어 표현도 함께 표기하였습니다. 생존 표현 이외에도 '하루 스케줄 표', '노트' 등을 넣어 여행에 필요한 메모를 하며 나만의 여행 다이어리를 만들 수 있습니다.

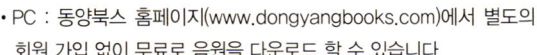

: 간략한 국가 정보 :

CHINA
중화인민공화국(中华人民共和国)

국기 오성홍기(五星红旗)
중국 국기의 붉은 바탕은 공산군의 피와 혁명을 상징하며, 큰 별은 중국공산당을, 네 개의 작은 별은 노동자, 농민, 도시 소자산가, 민족자산가를 나타낸다.

면적
약 960만 km²

수도
베이징(北京)

인구
약 14억 1,175만 명(2023 중국국가통계국)

| 0 | 1 billion | 2 billion |

민족
56개(한족과 55개 소수민족으로 구성)

공식 언어
보통화(普通话)

국경일
10월 1일

국가
의용군행진곡

화폐
인민폐(人民币)

비자&여권
중국은 비자를 반드시 발급받아야 방문할 수 있으며, 관광(L) 단수 비자를 발급받으면 30일까지 체류 가능하다. 여권을 가지고 있어도 유효 기간을 꼭 체크하자!

전압
220V, 50Hz를 사용

전화
중국 국가번호 +86
※ 중국 현지에서 현지로 전화할 때는 국가번호는 입력하지 않는다.

긴급 연락처
- 교통사고 신고 122
- 긴급 구조 신고 120
- 범죄 신고 110
- 화재 신고 119

※ 베이징에서 국제로밍 휴대 전화 사용 시(지역번호+상대방 전화번호)
  예) 교통사고 발생 시 → 10-122

팁문화
중국은 팁 문화가 정착되지 않아 일반적으로 팁을 주지 않아도 상관없다.

기내에서 ▨ 주세요.

칭 게이 워 ~.
请给我 ▨ 。
Qǐng gěi wǒ ~.

MP3 01-01

쾅취엔슈이
矿泉水
kuàngquánshuǐ
생수

커러
可乐
kělè
콜라

쉬에뻬이
雪碧
xuěbì
스프라이트

청즈
橙汁
chéngzhī
오렌지 주스

미엔찐즈
面巾纸
miànjīnzhǐ
티슈

위엔쥬비
圆珠笔
yuánzhūbǐ
볼펜

짜즈
杂志
zázhì
잡지

빠오즈
报纸
bàozhǐ
신문

찌우셩이
救生衣
jiùshēngyī
구명조끼

입국심사대에서

입국 목적은 ▢ 입니다.

워 라이 더 무띠 스 ~.
我来的目的是 ▢ 。
Wǒ lái de mùdì shì ~.

뤼요우
旅游
lǚyóu
여행

츄챠이
出差
chūchāi
출장

쉬에시
学习
xuéxí
공부

칸 펑요우
看朋友
kàn péngyou
친구 방문

탄친
探亲
tànqīn
친척 방문

리우쉬에
留学
liúxué
유학

숙소에서 — 방 안에 ▭ 있나요?

팡지엔 리 요우 메이요우 ~?
房间里有没有 ▭ ?
Fángjiān li yǒu méiyǒu ~?

쫑
钟
zhōng
시계

삥시앙
冰箱
bīngxiāng
냉장고

츄앙후
窗户
chuānghu
창문

티쉬따오
剃须刀
tìxūdāo
면도기

마오찐
毛巾
máojīn
타올

시쇼우지엔
洗手间
xǐshǒujiān
화장실

양타이
阳台
yángtái
발코니

위깡
浴缸
yùgāng
욕조

식당에서

■ 주세요.

칭 게이 워~.
请给我 ■。
Qǐng gěi wǒ ~.

MP3 01-05

찌앙요우
酱油
jiàngyóu
간장

지엔따오
剪刀
jiǎndāo
가위

옌
盐
yán
소금

후지아오
胡椒
hújiāo
후추

추
醋
cù
식초

판치에찌앙
番茄酱
fānqiéjiàng
케첩

디에즈
碟子
diézi
접시

샤오즈
勺子
sháozi
숟가락

콰이즈
筷子
kuàizi
젓가락

챠즈
叉子
chāzi
포크

차이딴
菜单
càidān
메뉴판

상점에서

■ 을 사고 싶은데요.
워 시앙 마이 ~.
我想买 ■。
Wǒ xiǎng mǎi ~.

MP3 01-06

얼환
耳环 ěrhuán
귀고리

찌에즈
戒指 jièzhi
반지

쇼우비아오
手表 shǒubiǎo
손목시계

니우짜이쿠
牛仔裤 niúzǎikù
청바지

위싼
雨伞 yǔsǎn
우산

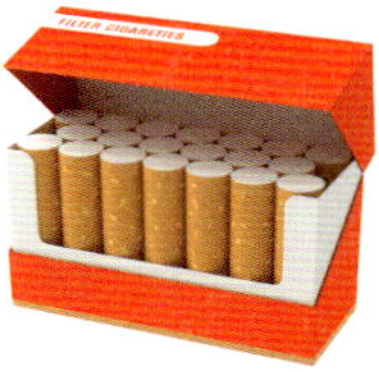

티 쒸샨
T恤衫 T xùshān
티셔츠

윈똥시에
运动鞋 yùndòngxié
운동화

옌
烟 yān
담배

다후어지
打火机 dǎhuǒjī
라이터

마오즈
帽子 màozi
모자

화쥬앙핀
化妆品 huàzhuāngpǐn
화장품

Part 1 생활 단어

약국에서

있나요? 有没有 ▮?
요우 메이요우 ~?
Yǒu méiyǒu ~?

MP3 01-07

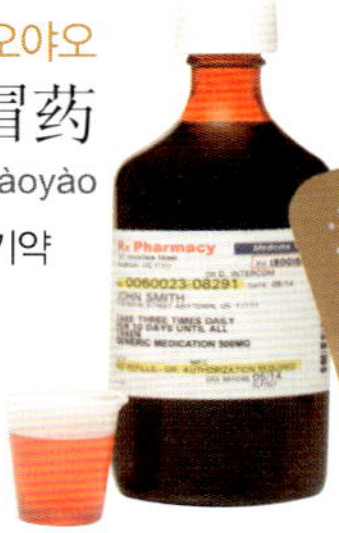

간마오야오
感冒药
gǎnmàoyào
감기약

츄앙커티에
创可贴
chuāngkětiē
반창고

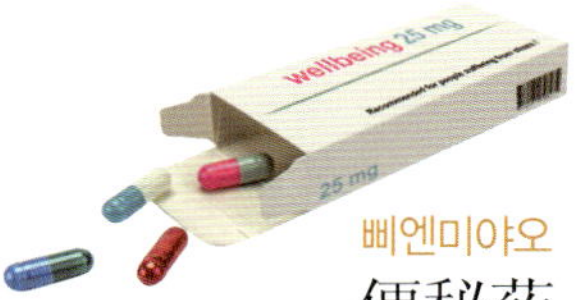

삐엔미야오
便秘药
biànmìyào
변비약

홍야오슈이
红药水
hóngyàoshuǐ
소독약

쮸시아오화야오
助消化药
zhùxiāohuàyào
소화제

루안까오
软膏
ruǎngāo
연고

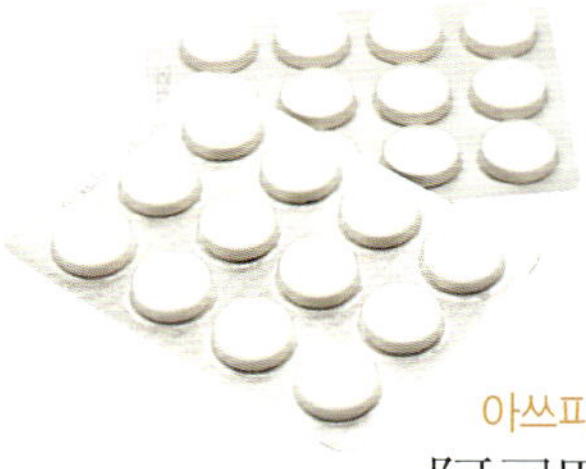

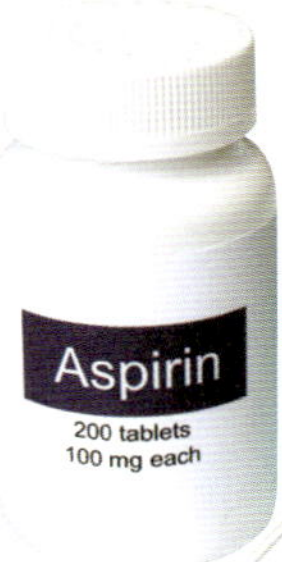

투이샤오야오
退烧药
tuìshāoyào
해열제

아쓰피린
阿司匹林
āsīpǐlín
아스피린

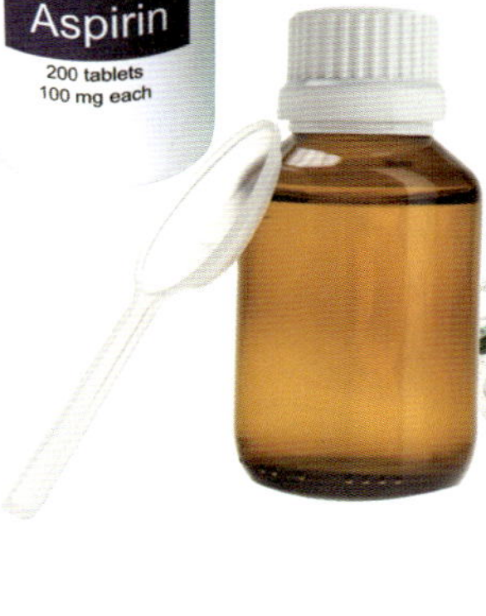

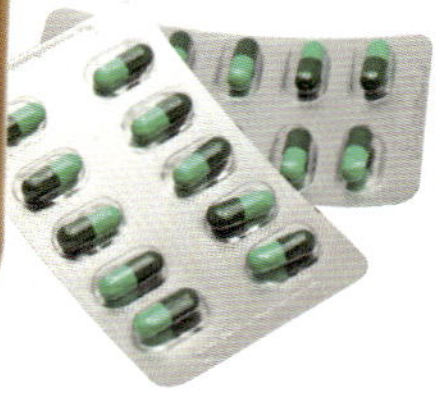

즈씨에야오
止泻药
zhǐxièyào
지사제

즈통피엔
止痛片
zhǐtòngpiàn
진통제

18

병원에서 ▨ (이)가 아파요.   ~ 텅. ▨ 疼。 ~ téng.

MP3 01-08

옌징
眼睛
yǎnjing
눈

토우
头
tóu
머리

뚜즈
肚子
dùzi
배

웨이
胃
wèi
위

야
牙
yá
치아

야오
腰
yāo
허리

쩔
这儿
zhèr
여기

~은 어디예요?

~在哪儿? ~ 짜이 날?
~ zài nǎr?

화장실은 어디예요?

시쇼우지엔 짜이 날?
洗手间在哪儿?
Xǐshǒujiān zài nǎr?

지하철역은 어디예요?

띠티에짠 짜이 날?
地铁站在哪儿?
Dìtiězhàn zài nǎr?

여기에서 가장 가까운
버스 정류장은 어디예요?

리 쩔 쭈이 찐 더 꽁지아오쳐 쨘 짜이 날?
离这儿最近的公交车站在哪儿?
Lí zhèr zuì jìn de gōngjiāochē zhàn zài nǎr?

탈의실은 어디예요?

스이지엔 짜이 날?
试衣间在哪儿?
Shìyījiān zài nǎr?

(지도를 보여 주며)
지도에 있는 이 식당은 어디예요?

띠투 샹 더 쪄 지아 판괄 짜이 날?
地图上的这家饭馆儿在哪儿?
Dìtú shang de zhè jiā fànguǎnr zài nǎr?

여행 생존 패턴 02

~ 주세요.

请给我~。 칭 게이 워 ~.
Qǐng gěi wǒ ~.

물 한 잔 주세요.

칭 게이 워 이 뻬이 슈이.
请给我一杯水。
Qǐng gěi wǒ yì bēi shuǐ.

소화제 주세요.

칭 게이 워 디알 쮸시아오화야오.
请给我点儿助消化药。
Qǐng gěi wǒ diǎnr zhùxiāohuàyào.

메뉴판 주세요.

칭 게이 워 칸 이씨아 차이딴.
请给我看一下菜单。
Qǐng gěi wǒ kàn yíxià càidān.

이거랑 이거, 이걸로 주세요.

칭 게이 워 쩌거, 쩌거 허 쩌거.
请给我这个、这个和这个。
Qǐng gěi wǒ zhège、zhège hé zhège.

영수증 주세요.

칭 게이 워 카이 거 파피아오.
请给我开个发票。
Qǐng gěi wǒ kāi ge fāpiào.

여행 생존 패턴 03

~해 주세요.

请~。 칭 ~.
Qǐng ~.

다시 한번 말해 주세요.

칭 짜이 슈어 이 삐엔.
请再说一遍。
Qǐng zài shuō yí biàn.

좀 천천히 말해 주세요.

칭 슈어 만 이디알.
请说慢一点儿。
Qǐng shuō màn yìdiǎnr.

사진 좀 찍어 주세요.

칭 빵 워 파이 쟝 쨔오피엔.
请帮我拍张照片。
Qǐng bāng wǒ pāi zhāng zhàopiàn.

(주소를 보여 주며)
이 주소로 가 주세요.

칭 따오 쪄거 띠즈.
请到这个地址。
Qǐng dào zhège dìzhǐ.

조금만 비켜 주세요.

칭 랑 이씨아.
请让一下。
Qǐng ràng yíxià.

여행 생존 패턴 04

~ 있나요?

有没有~? 요우 메이요우 ~?
Yǒu méiyǒu ~?

이 근처에 ATM기가 있나요?

쪄 푸진 요우 메이요우 (쯔똥) 취콴지?
这附近有没有(自动)取款机?
Zhè fùjìn yǒu méiyǒu (zìdòng) qǔkuǎnjī?

지사제 있나요?

요우 메이요우 즈씨에야오?
有没有止泻药?
Yǒu méiyǒu zhǐxièyào?

창가 쪽 자리 있나요?

요우 메이요우 카오 츄앙 더 웨이즈?
有没有靠窗的位子?
Yǒu méiyǒu kào chuāng de wèizi?

다른 거 있나요?

요우 메이요우 비에 더?
有没有别的?
Yǒu méiyǒu bié de?

더 싼 거 있나요?

요우 메이요우 피엔이 이디엔 더?
有没有便宜一点的?
Yǒu méiyǒu piányi yìdiǎn de?

~해도 되나요?

可以~吗? 커이 ~ 마?
Kěyǐ ~ ma?

입어 봐도 되나요?

커이 스스 마?
可以试试吗?
Kěyǐ shìshi ma?

카드로 계산해도 되나요?

커이 슈아카 마?
可以刷卡吗?
Kěyǐ shuākǎ ma?

여기에서 사진 촬영해도 되나요?

커이 짜이 쩌리 파이쨔오 마?
可以在这里拍照吗?
Kěyǐ zài zhèli pāizhào ma?

자리를 바꿔도 되나요?

커이 환 거 웨이즈 마?
可以换个位子吗?
Kěyǐ huàn ge wèizi ma?

들어가도 되나요?

커이 찐취 마?
可以进去吗?
Kěyǐ jìnqù ma?

여행 생존 패턴 06

어떻게 ~해요?

怎么~? 쩐머 ~?
zěnme ~?

지하철역은 어떻게 가요?

띠티에짠 쩐머 쪼우?
地铁站怎么走?
Dìtiězhàn zěnme zǒu?

이 과일은 어떻게 팔아요?

쩌 슈이구어 쩐머 마이?
这水果怎么卖?
Zhè shuǐguǒ zěnme mài?

이건 어떻게 사용해요?

쩌거 쩐머 용?
这个怎么用?
Zhège zěnme yòng?

이 음식은 어떻게 먹어요?

쩌거 차이 쩐머 츠?
这个菜怎么吃?
Zhège cài zěnme chī?

이거 중국어로 어떻게 말해요?

쩌거 용 한위 쩐머 슈어?
这个用汉语怎么说?
Zhège yòng Hànyǔ zěnme shuō?

어디에서 ~하나요?

在哪儿~? 짜이날 ~?
Zài nǎr ~?

어디에서 표를 사나요?

짜이 날 마이 피아오?
在哪儿买票?
Zài nǎr mǎi piào?

어디에서 차를 타나요?

짜이 날 썅 쳐?
在哪儿上车?
Zài nǎr shàng chē?

어디에서 환승하나요?

짜이 날 환 쳐?
在哪儿换车?
Zài nǎr huàn chē?

어디에서 돈을 지불하나요?

짜이 날 푸 치엔?
在哪儿付钱?
Zài nǎr fù qián?

어디에서 인터넷을 할 수 있나요?

짜이 날 커이 썅왕?
在哪儿可以上网?
Zài nǎr kěyǐ shàngwǎng?

여행 생존 패턴 08

언제 ~하나요?

什么时候~? 션머 스호우 ~?
Shénme shíhou ~?

언제 도착해요?
션머 스호우 따오(다)?
什么时候到(达)?
Shénme shíhou dào(dá)?

+PLUS
- 출발하다 츄파(出发 chūfā)

언제 문을 열어요?
션머 스호우 카이먼?
什么时候开门?
Shénme shíhou kāimén?

언제 문을 닫아요?
션머 스호우 꽌먼?
什么时候关门?
Shénme shíhou guānmén?

언제 끝나요?
션머 스호우 지에슈?
什么时候结束?
Shénme shíhou jiéshù?

+PLUS
- 시작하다 카이스(开始 kāishǐ)

언제 이륙해요?
션머 스호우 치페이?
什么时候起飞?
Shénme shíhou qǐfēi?

09 여행 생존 패턴

~해 주실 수 있나요?

可以帮我~吗? 커이 빵 워 ~ 마?
Kěyǐ bāng wǒ ~ ma?

한국어 통역을 구해 주실 수 있나요?

커이 빵 워 쟈오 이 밍 한위 판이 마?
可以帮我找一名韩语翻译吗?
Kěyǐ bāng wǒ zhǎo yì míng Hányǔ fānyì ma?

택시를 불러 주실 수 있나요?

커이 빵 워 찌아오 이 리앙 츄쭈쳐 마?
可以帮我叫一辆出租车吗?
Kěyǐ bāng wǒ jiào yí liàng chūzūchē ma?

기차표를 예매해 주실 수 있나요?

커이 빵 워 띵 쟝 후어쳐 피아오 마?
可以帮我订张火车票吗?
Kěyǐ bāng wǒ dìng zhāng huǒchē piào ma?

식당을 예약해 주실 수 있나요?

커이 빵 워 위띵 이씨아 판괄 마?
可以帮我预订一下饭馆儿吗?
Kěyǐ bāng wǒ yùdìng yíxià fànguǎnr ma?

짐을 보관해 주실 수 있나요?

커이 빵 워 찌춘 이씨아 싱리 마?
可以帮我寄存一下行李吗?
Kěyǐ bāng wǒ jìcún yíxià xíngli ma?

여행 생존 패턴 10

~하고 싶어요.

我想~。 워 시앙 ~.
Wǒ xiǎng ~.

이걸 사고 싶어요.

워 시앙 마이 쩌거.
我想买这个。
Wǒ xiǎng mǎi zhège.

방을 예약하고 싶어요.

워 시앙 위띵 이 거 팡지엔.
我想预订一个房间。
Wǒ xiǎng yùdìng yí ge fángjiān.

베이징 카오야를 먹고 싶어요.

워 시앙 츠 베이징 카오야.
我想吃北京烤鸭。
Wǒ xiǎng chī Běijīng kǎoyā.

와이탄에 가고 싶어요.

워 시앙 취 와이탄.
我想去外滩。
Wǒ xiǎng qù Wàitān.

이 짐을 부치고 싶어요.

워 시앙 투어윈 쩌거 싱리.
我想托运这个行李。
Wǒ xiǎng tuōyùn zhège xíngli.

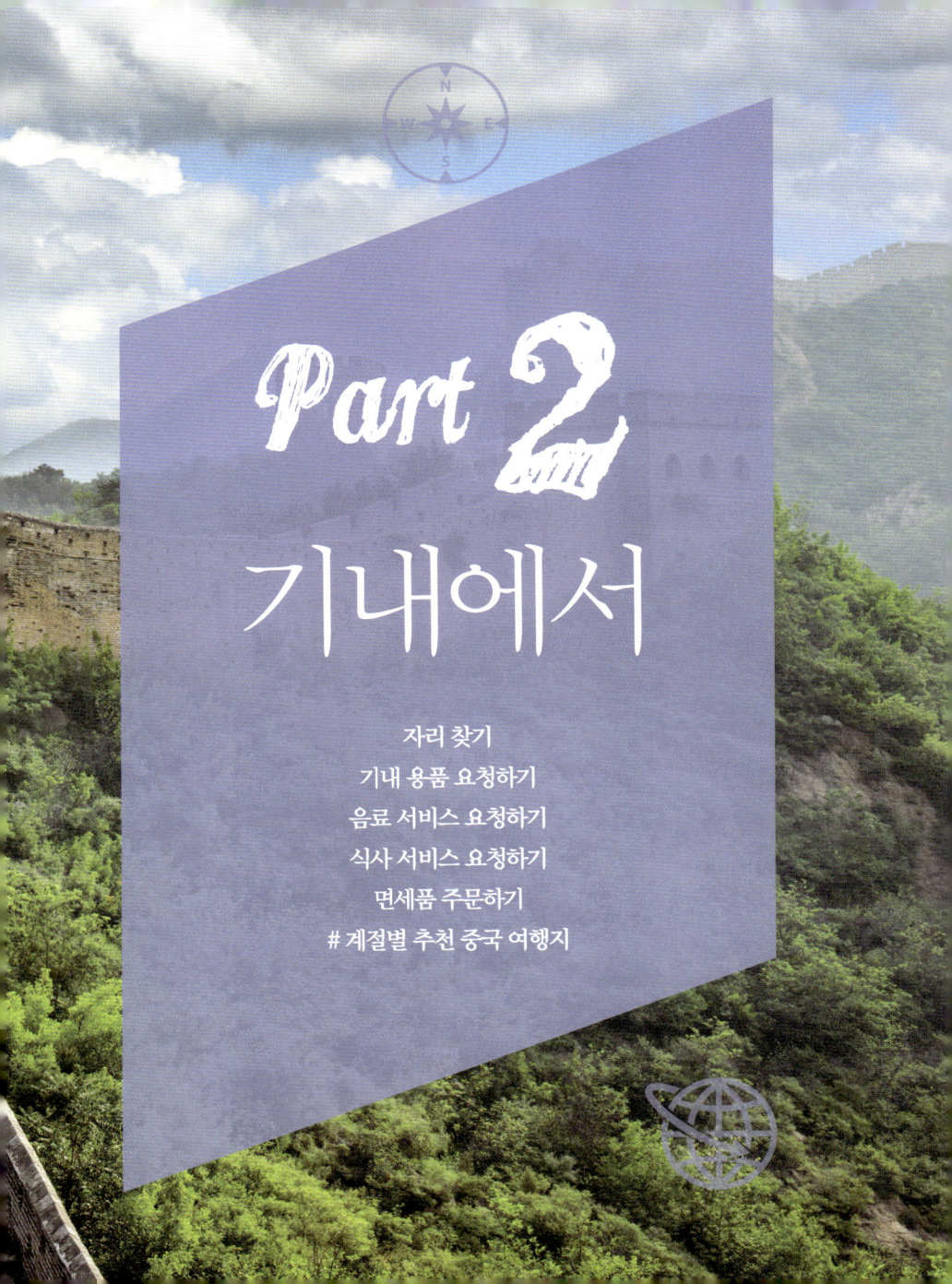

Part 2
기내에서

자리 찾기
기내 용품 요청하기
음료 서비스 요청하기
식사 서비스 요청하기
면세품 주문하기
계절별 추천 중국 여행지

자리 찾기
제 좌석은 어디죠?

🎧 MP3 02-01

비행기에 탑승 후, 내 자리가 어딘지 헷갈린다면 입구에 서 있는 승무원에게 물어보면 된다. 기본적으로 탑승권에 좌석 번호가 명시되어 있어 승무원에게 보여 주면 원하는 자리를 찾을 수 있다. 또한, 한국에서 출발하는 항공편의 경우 대부분 한국인 승무원이 탑승하고 있으므로 너무 긴장하지 않아도 된다.

핵심표현

워 더 쭈어웨이 짜이 날?
我的座位在哪儿?
Wǒ de zuòwèi zài nǎr?

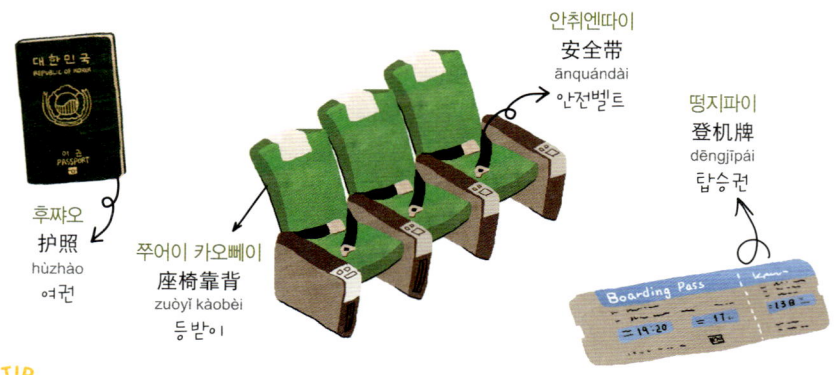

안취엔따이
安全带
ānquándài
안전벨트

떵지파이
登机牌
dēngjīpái
탑승권

후쨔오
护照
hùzhào
여권

쭈어이 카오뻬이
座椅靠背
zuòyǐ kàobèi
등받이

TIP
내 좌석을 찾아가는 중에 중국인 승객이 통로에 서 있다면, '잠깐 지나갈게요.'라는 뜻의 '랑 이씨아.(让一下。Ràng yíxià.)'라고 한마디 해보자.

여행 가서 바로 쓰는 문장

실례지만,
탑승권을 좀 제시하여 주십시오.

칭 츄스 이씨아 닌 더 떵지파이.
请出示一下您的登机牌。
Qǐng chūshì yíxià nín de dēngjīpái.

여기는 제 자리인데요.

쩌 스 워 더 쭈어웨이.
这是我的座位。
Zhè shì wǒ de zuòwèi.

손님 좌석은 앞쪽입니다.

닌 더 쭈어웨이 짜이 치엔미엔.
您的座位在前面。
Nín de zuòwèi zài qiánmiàn.

저기 빈자리로 옮겨도 될까요?

워 넝 환따오 나거 콩 쭈어웨이 마?
我能换到那个空座位吗?
Wǒ néng huàndào nàge kōng zuòwèi ma?

의자를 바로 세워 주세요.

칭 바 쭈어이 카오뻬이 티아오즈 이씨아.
请把座椅靠背调直一下。
Qǐng bǎ zuòyǐ kàobèi tiáozhí yíxià.

안전벨트를 매 주세요.

칭 찌하오 안취엔따이.
请系好安全带。
Qǐng jìhǎo ānquándài.

기내 용품 요청하기
담요 한 장 주세요.

🎧 MP3 02-02

비행기가 이륙 후 안전고도에 이르면 승무원에게 기내 서비스를 요청할 수 있다. 항공사마다 차이는 있지만 대부분 담요, 이어폰, 쿠션 등을 제공하고 있으므로 아래의 핵심 표현을 사용해 필요한 기내 용품을 요청해 보자.

핵심 표현

칭 게이 워 이 티아오 마오탄.
请给我一条毛毯。
Qǐng gěi wǒ yì tiáo máotǎn.

얼지
耳机
ěrjī
이어폰

마오탄
毛毯
máotǎn
담요

투어시에
拖鞋
tuōxié
슬리퍼

옌짜오
眼罩
yǎnzhào
안대

TIP 기내 용품을 요청하기 전 승무원을 부르는 호칭에는 청우위엔(乘务员 chéngwùyuán)이 있고, 호칭 대신 '실례합니다, 저기요'라는 뜻의 '다라오 이씨아(打扰一下 dǎrǎo yíxià)'라고 말해도 된다.

여행 가서 바로 쓰는 문장

이어폰 필요하신 손님 계신가요?	쉬야오 얼지 마? 需要耳机吗? Xūyào ěrjī ma?
여기 하나 필요해요.	게이 워 이 거. 给我一个。 Gěi wǒ yí ge.
이어폰이 고장 났어요.	쩌거 얼지 화이 러. 这个耳机坏了。 Zhège ěrjī huài le.
한국 신문 있나요?	요우 메이요우 한원 빠오즈? 有没有韩文报纸? Yǒu méiyǒu Hánwén bàozhǐ?
담요를 한 장 더 주실 수 있나요?	니 커이 짜이 게이 워 이 티아오 마오탄 마? 你可以再给我一条毛毯吗? Nǐ kěyǐ zài gěi wǒ yì tiáo máotǎn ma?
볼펜 하나 주세요.	칭 게이 워 이 즈 위엔쥬비. 请给我一支圆珠笔。 Qǐng gěi wǒ yì zhī yuánzhūbǐ.

음료 서비스 요청하기
물 한 잔 주세요.

🎧 MP3 02-03

기내에 실리는 음료의 종류는 항공사마다 차이가 있지만, 일반적으로 가장 대중적인 음료로 이루어져 있다. 비행 중 목이 마르다면 아래와 같은 표현으로 음료 서비스를 요청해 보자.

핵심 표현

칭 게이 워 이 뻬이 슈이.

请给我一杯水。

Qǐng gěi wǒ yì bēi shuǐ.

피지우
啤酒
píjiǔ
맥주

카페이
咖啡
kāfēi
커피

푸타오지우
葡萄酒
pútáojiǔ
와인(포도주)

챠
茶
chá
차

TIP 저비용 항공사(LCC항공)
기존 항공사에 비해 저렴한 가격으로 운영되는 저비용 항공사는 보통 기내식을 제공하지 않는다. 음료 서비스의 경우에는 생수 정도만 무료로 제공하며, 기타 음료나 기내식은 추가로 돈을 지불한 후에 구매해야 한다.

여행 가서 바로 쓰는 문장

어떤 음료를 드시겠습니까?	닌 허 디알 션머 인리아오? 您喝点儿什么饮料? Nín hē diǎnr shénme yǐnliào?
어떤 음료가 있나요?	또우 요우 션머 인리아오? 都有什么饮料? Dōu yǒu shénme yǐnliào?
오렌지 주스, 홍차와 커피가 있습니다.	요우 청즈, 홍챠, 하이 요우 카페이. 有橙汁、红茶，还有咖啡。 Yǒu chéngzhī、hóngchá, hái yǒu kāfēi.
커피 한 잔 주세요.	라이 이 뻬이 카페이 바. 来一杯咖啡吧。 Lái yì bēi kāfēi ba.
녹차 있나요?	요우 뤼챠 마? 有绿茶吗? Yǒu lǜchá ma?
한 잔 더 주시겠어요?	짜이 라이 이 뻬이 커이 마? 再来一杯可以吗? Zài lái yì bēi kěyǐ ma?

식사 서비스 요청하기

닭고기면으로 주세요.

🎧 MP3 02-04

고도 3만 피트 이상의 하늘에서 먹는 기내식은 여행에서 느낄 수 있는 즐거움 중 하나이다. 기내식은 지상에서 미리 조리되어 탑재되기 때문에 종교나 건강 등의 이유로 일반 기내식을 먹지 못하는 여행자는 항공사에 특별 기내식을 사전 예약해야 한다. 특별 기내식에는 야채식, 의료식, 종교식, 아동식 등의 다양한 종류가 준비되어 있다.

핵심 표현

워 야오 지로우미엔.
我要鸡肉面。
Wǒ yào jīròumiàn.

TIP

특별 기내식 - 중국어 표기법

서양채식(VGML)
纯素食餐 chúnsùshícān
고기, 생선, 계란, 유제품을 사용하지 않는 서양식 채식이다.

동양채식(VOML)
东方素食餐 dōngfāng sùshícān
고기, 생선, 계란, 유제품을 사용하지 않는 동양식 채식이다.

과일식(FPML)
水果餐 shuǐguǒcān
신선한 과일로 구성된 기내식이다.

해산물식(SFML)
海鲜餐 hǎixiāncān
신선하고 다양한 해산물로 구성된 기내식이다.

당뇨식(DBML)
糖尿病餐 tángniàobìng cān
당뇨병 환자에게 적합한 기내식으로 당분이 거의 함유되어 있지 않다.

아동식(CHML)
儿童餐 értóngcān
만 2세~12세 미만의 어린이에게 제공되는 기내식으로 햄버거, 피자, 돈까스 등 어린이들이 좋아하는 메뉴로 구성되어 있다.

※ 특별 기내식은 항공사마다 제공하는 메뉴가 다르기 때문에 해당 항공사에서 확인하자.

여행 가서 바로 쓰는 문장

손님, 지금 식사하시겠습니까?	칭원, 닌 씨엔짜이 용찬 마? 请问，您现在用餐吗？ Qǐngwèn, nín xiànzài yòngcān ma?
나중에 먹어도 될까요?	커이 완디알 츠 마? 可以晚点儿吃吗？ Kěyǐ wǎndiǎnr chī ma?
식사는 안 하겠습니다.	워 뿌 츠 판. 我不吃饭。 Wǒ bù chī fàn.
소고기면과 닭고기밥이 있는데, 어떤 걸로 하시겠습니까?	요우 니우로우미엔 허 지로우판, 닌 야오 나 이 죵? 有牛肉面和鸡肉饭，您要哪一种？ Yǒu niúròumiàn hé jīròufàn, nín yào nǎ yì zhǒng?
닭고기밥으로 주세요.	워 야오 지로우판. 我要鸡肉饭。 Wǒ yào jīròufàn.
테이블을 펴 주시기 바랍니다.	칭 닌 다카이 시아오 쮜어반. 请您打开小桌板。 Qǐng nín dǎkāi xiǎo zhuōbǎn.

+PLUS
▫ 접다 쇼우치(收起 shōuqǐ)

면세품 주문하기
면세품 카탈로그에 있는 이 제품 있나요?

🎧 MP3 02-05

식사 서비스가 끝나면 승무원의 기내 면세품 판매가 시작된다. 면세품 판매 시 다양한 프로모션을 진행하기도 하는데, 원하는 상품이 품절되었을 경우에는 면세품 귀국편 예약 주문서를 작성하여 사전에 구매 예약하면, 돌아오는 항공편에서 면세품을 구매할 수 있다.

핵심 표현

요우 메이요우 미엔슈이 꼬우우 즈난 리 더 쩌거 샹핀?
有没有免税购物指南里的这个商品?
Yǒu méiyǒu miǎnshuì gòuwù zhǐnán li de zhège shāngpǐn?

쥬까오
唇膏 chúngāo
립스틱

지에마오지아
睫毛夹 jiémáojiā
뷰러

시앙슈이
香水 xiāngshuǐ
향수

즈지아요우
指甲油 zhījiayóu
매니큐어

옌잉
眼影 yǎnyǐng
아이섀도

TIP — 화장품 브랜드

아마니	삐오우취엔	즈춘시우	란코우
阿玛尼	碧欧泉	植村秀	兰蔻
Āmǎní	Bì'ōuquán	Zhícūnxiù	Lánkòu
아르마니	비오템	슈에무라	랑콤
아이모리	허라	쉬에화시우	메이디후이얼
爱茉莉	赫拉	雪花秀	美迪惠尔
Àimòli	Hèlā	Xuěhuāxiù	Měidíhuì'ěr
아모레퍼시픽	헤라	설화수	메디힐

여행 가서 바로 쓰는 문장

면세품 판매를 하고 있습니다.

워먼 짜이 츄쇼우 미엔슈이 샹핀.
我们在出售免税商品。
Wǒmen zài chūshòu miǎnshuì shāngpǐn.

선크림 한 세트를 사고 싶어요.

워 시앙 마이 이 타오 팡샤이슈앙.
我想买一套防晒霜。
Wǒ xiǎng mǎi yí tào fángshàishuāng.

이 록시땅 핸드크림은 얼마예요?

쪄 오우슈딴 후쇼우슈앙 뚜어샤오 치엔?
这欧舒丹护手霜多少钱?
Zhè Ōushūdān hùshǒushuāng duōshao qián?

담배를 판매하나요?

마이 시앙옌 마?
卖香烟吗?
Mài xiāngyān ma?

신용카드로 계산해도 되나요?

워 커이 용 씬용카 지에쨩 마?
我可以用信用卡结账吗?
Wǒ kěyǐ yòng xìnyòngkǎ jiézhàng ma?

결제는 인민폐로 할게요.

워 푸 런민삐 바.
我付人民币吧。
Wǒ fù rénmínbì ba.

+PLUS
- 원화 한위엔 (韩元 hányuán)
- 달러 메이위엔 (美元 měiyuán)
- 엔화 르위엔 (日元 riyuán)

CHINA ★
CULTURE

✻ 계절별 추천 중국 여행지 ✻

봄

쿤밍(昆明)
Best Spot 석림(石林)

사계절이 봄과 같아 '춘성(春城)'이라 불리는 쿤밍! 2월 말에서 3월까지는 흐드러지게 핀 유채꽃과 벚꽃, 4월 말에서 5월 초까지는 철쭉을 감상할 수 있다.

쑤저우(苏州)
Best Spot 졸정원(拙政园)

항저우(杭州)
Best Spot 서호(西湖)

여름

청더(承德)
Best Spot 피서산장(避暑山庄)

허베이성에 있는 '피서산장'은 청나라 황제가 더위를 피해 머물렀던 여름궁전이다.

가을

베이징(北京)
Best Spot 만리장성(长城), 천안문(天安门)

중국의 수도 베이징은 옛 왕국의 화려한 유적과 유물 그리고 현대 문명을 모두 느낄 수 있는 도시로 가을이 일년 중 여행하기에 가장 좋다.

장쟈졔(张家界)

후난성에 위치한 장쟈졔는 국가산림공원으로 중국의 대표적인 관광지 중 하나이다. 가을에 장쟈졔를 가면 곳곳이 단풍으로 물들어 수려한 자연 경관을 감상할 수 있다.

겨울

샤먼(厦门)
Best Spot 고랑서(鼓浪屿)

푸젠성에 위치한 샤먼은 항구 도시로 '중국의 지중해'라 불린다. 여름은 덥고 습하며 겨울은 상대적으로 따뜻하다.

하얼빈(哈尔滨)

매년 1-2월에 눈과 얼음의 축제인 빙등제가 열리며, 다양한 종류의 대형 얼음 조각품과 볼거리를 제공한다.

Part 3
중국 공항에서

입국 심사 받기
수하물 찾기
세관 검사 받기
환전 서비스 이용하기
공항 안내소에 문의하기
중국인의 식생활

입국 심사 받기

여행하러 왔어요.

🎧 MP3 03-01

중국 공항에 도착하면 우선 입국 심사대로 가서 입국 심사를 받아야 한다. 입국 심사대에 도착하면, 외국인(外国人) 표시가 되어 있는 곳에 줄을 서서 '여권'과 기내에서 작성한 출입국 신고서(외국인용 입국카드 '外国人入境卡'가 출국카드 '外国人出境卡'와 나란히 붙어 있다.) 중 '입국카드'를 보여주면 된다. 출입국 신고서는 목적지에 도착하기 전에 기내에서 승무원이 나눠 주는데, 영문으로 작성하면 된다. 입국 심사 시 중국 여행 목적이나 중국 내 거주지를 물어보는 경우도 있지만, 중국어로 대답하기 어렵다 해도 그냥 이해하고 넘어가기 때문에 당황하거나 긴장할 필요는 없다.

핵심 표현

워 스 라이 뤼요우 더.
我是来旅游的。
Wǒ shì lái lǚyóu de.

TIP 중국 입국 절차

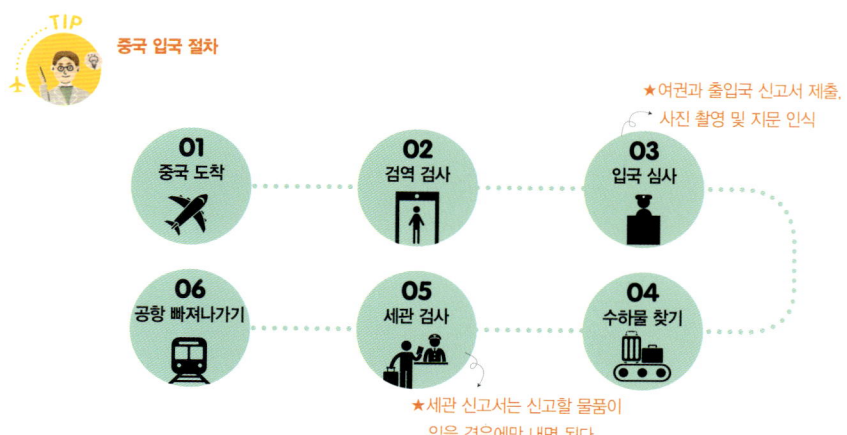

★ 여권과 출입국 신고서 제출, 사진 촬영 및 지문 인식

★ 세관 신고서는 신고할 물품이 있을 경우에만 내면 된다.

여행 가서 바로 쓰는 문장

여권을 좀 보여 주세요.

칭 츄스 이씨아 후쨔오.
请出示一下护照。
Qǐng chūshì yíxià hùzhào.

중국 방문 목적은 무엇입니까?

니 라이 쫑구어 더 무띠 스 션머?
你来中国的目的是什么?
Nǐ lái Zhōngguó de mùdì shì shénme?

여기에서 얼마나 체류하십니까?

니 짜이 쩔 따이 뚜어 지우?
你在这儿呆多久?
Nǐ zài zhèr dāi duō jiǔ?

4일 간이요.

따이 쓰 티엔.
呆4天。
Dāi sì tiān.

+PLUS
- 2일 리앙 티엔
  (两天 liǎng tiān)
- 3일 싼 티엔
  (三天 sān tiān)

어디서 머무르십니까?

니 (다쑤안) 쮸 날?
你(打算)住哪儿?
Nǐ (dǎsuàn) zhù nǎr?

그랜드 하얏트 호텔이요.

워 쮸 쥔위에 지우띠엔.
我住君悦酒店。
Wǒ zhù Jūnyuè Jiǔdiàn.

수하물 찾기

제 짐을 찾을 수가 없어요.

🎧 MP3 03-02

입국 심사를 마친 후, 본격적으로 자신의 짐(수하물)을 찾아야 한다. 어디로 가야 할지 헷갈린다면 짐을 부칠 때 받았던 수하물 표를 보자. 수하물 표에서 내가 탔던 항공기의 항공편명을 확인 후 짐 찾는 곳(行李领取处)으로 가면 된다. 많은 짐이 한꺼번에 나오기 때문에 짐을 부치기 전에 짐에 특별한 표시를 하거나 이름표를 달아두면 좋다. 그래도 내 수하물을 찾을 수 없거나 짐이 나오지 않는다면 아래 핵심 표현을 사용해 항공사 직원에게 질문해 보자.

핵심 표현

워 쟈오부따오 워 더 싱리 러.
我找不到我的行李了。
Wǒ zhǎobudào wǒ de xíngli le.

TIP 수하물 표(行李单) 보는 법

DONGYANG AIRLINES

❶ KIM/HYOSOO
❷ ICN → PEK
❸ DY 178 / ❹ 3MAY
❺ 0337444929

❻ SEC 300 BAG ❼ 1 / ❽ 11

❶ 성명 : 김효수
❷ 출발지 : 인천 → 목적지 : 베이징
❸ 항공편명 : 동양항공 178
❹ 날짜 : 5월 3일
❺ 항공사 번호 + 수하물 번호
❻ 수하물 수속 순서
❼ 가방 개수 : 1개
❽ 가방 무게 : 11kg

여행 가서 바로 쓰는 문장

짐은 어디서 찾나요?	짜이 날 취 싱리? 在哪儿取行李？ Zài nǎr qǔ xíngli?
수하물 표 좀 보여 주세요.	게이 워 칸칸 니 더 싱리딴. 给我看看你的行李单。 Gěi wǒ kànkan nǐ de xínglidān.
무슨 항공편으로 오셨습니까?	닌 쳥쭈어 나거 항빤 라이 더? 您乘坐哪个航班来的？ Nín chéngzuò nǎge hángbān lái de?
대한항공 178편으로 왔어요.	워 쭈어 따한 항콩 야오 치 빠 항빤 라이 더. 我坐大韩航空178航班来的。 Wǒ zuò Dàhán Hángkōng yāo qī bā hángbān lái de.
짐이 아직 안 나왔어요.	워 더 싱리 하이 메이 츄라이. 我的行李还没出来。 Wǒ de xíngli hái méi chūlái.
트렁크가 망가졌어요.	워 더 싱리시앙 화이 러. 我的行李箱坏了。 Wǒ de xínglixiāng huài le.

세관 검사 받기
이거 친구에게 줄 선물이에요.

🎧 MP3 03-03

일반적으로 짐을 찾고 출구로 나가면 도착지 공항에서의 모든 수속이 마무리된다. 이때 세관을 통과하는데 신고할 물품이 있다면, 세관신고서를 제출하면 되고 없다면 짐 검사 후 출구로 나오면 된다. 만약 세관을 통과하는데 세관 직원이 내 짐에 대해 질문한다면 아래의 핵심 표현으로 대답해 보자.

핵심 표현

쩌 스 쏭 게이 펑요우 더 리우.
这是送给朋友的礼物。
Zhè shì sòng gěi péngyou de lǐwù.

TIP

공항에서 수하물 서비스 이용하기

❶ 카트(손수레) 서비스 : 터미널, 주차 구역 등에서 짐을 옮길 때 무료로 사용할 수 있다.
❷ 수하물 보관 서비스 : 여행객을 위해 24시간 수하물 보관과 포장 서비스를 제공하고 있다. 수하물 보관이 필요하다면, '行李寄存(xíngli jìcún)'이라고 적혀 있는 곳을 찾아보자.

여행 가서 바로 쓰는 문장

| 신고할 것이 있습니까? | 니 요우 션머 쉬야오 션빠오 더 마?
你有什么需要申报的吗?
Nǐ yǒu shénme xūyào shēnbào de ma? |

| 없어요. | 메이요우.
没有。
Méiyǒu. |

| 이 가방 안에는 뭐가 들어 있습니까? | 쩌거 빠오 리 요우 션머 똥시?
这个包里有什么东西?
Zhège bāo li yǒu shénme dōngxi? |

| 가방을 열어 주세요. | 칭 바 니 더 싱리 다카이.
请把你的行李打开。
Qǐng bǎ nǐ de xíngli dǎkāi. |

| 이것들은 모두 제 개인 용품입니다. | 쩌시에 또우 스 워 더 꺼런 용핀.
这些都是我的个人用品。
Zhèxiē dōu shì wǒ de gèrén yòngpǐn. |

| 이건 과세 대상입니다. | 쩌거 똥시 쉬야오 지아오슈이.
这个东西需要交税。
Zhège dōngxi xūyào jiāoshuì. |

환전 서비스 이용하기
환전하려고 하는데요.

🎧 MP3 03-04

환전은 해외로 나가는 당일 공항에서 환전을 하는 것보다 여행 전 국내 은행에서 미리 하는 것이 유리하다. 최근에는 여행자와 유학생이 증가함에 따라 은행마다 해외 직불카드를 발급하고 있으며, 해외에서 사용 가능한 카드를 소지하고 있으면 환전소에 갈 필요 없이 현지 공항이나 거리의 ATM기에서도 '인민폐(人民币)'를 인출할 수 있다.

핵심 표현

워 야오 환치엔.
我要换钱。
Wǒ yào huànqián.

TIP 중국에서 ATM기 사용법
한글 표기는 없어도 영어 버전은 있으므로 너무 긴장하지 말자!

01 카드 삽입
ATM기 상단에 사용 가능한 카드 목록 확인 후, 카드 삽입.

02 비밀번호 입력
请输入密码(비밀번호를 입력하세요) 문구가 뜨면, 한국에서 카드 결제 시 입력하는 비밀번호 4자리를 입력.

03 계좌 유형 선택
请您选择账户类型(계좌 유형을 선택하세요) 문구가 뜨면 해외 사용 가능한 카드의 경우, '信用卡账户(CREDIT ACCOUNT)'를 선택하고 직불카드, 여행자카드의 경우 '储蓄账户 (SAVING ACCOUNT)' 선택.

04 원하는 금액 선택
화면에서 어떤 업무를 볼지 선택하면 된다. '取钱(출금)' 버튼 클릭 후, 원하는 금액 선택.

05 인민폐 수령 및 退卡!
돈을 받은 후, 반드시 화면에 있는 '退卡(카드 돌려받기)' 버튼을 눌러서 카드 수령.

여행 가서 바로 쓰는 문장

어디서 환전할 수 있죠?

짜이 날 커이 환치엔?
在哪儿可以换钱?
Zài nǎr kěyǐ huànqián?

근처에 ATM기가 있나요?

푸진 요우 메이요우 (쯔똥) 취콴지?
附近有没有(自动)取款机?
Fùjìn yǒu méiyǒu (zìdòng) qǔkuǎnjī?

달러를 인민폐로 바꿔 주세요.

워 시앙 바 메이위엔 환청 런민삐.
我想把美元换成人民币。
Wǒ xiǎng bǎ měiyuán huànchéng rénmínbì.

얼마나 환전하실 거예요?

닌 야오 환 뚜어샤오?
您要换多少?
Nín yào huàn duōshao?

1500달러요.

이치엔 우바이 메이위엔.
一千五百美元。
Yìqiān wǔbǎi měiyuán.

100위안짜리 10장이랑
10위안짜리 20장으로 주세요.

칭 게이 워 스 장 이바이 위엔 더, 얼스 장 스 콰이 더 (즈삐).
请给我十张一百元的，二十张十块的(纸币)。
Qǐng gěi wǒ shí zhāng yìbǎi yuán de, èrshí zhāng shí kuài de (zhǐbì).

공항 안내소에 문의하기

지하철 노선도를 한 장 주세요.

🎧 MP3 03-05

공항에서 출발 전 여행자 안내소에 방문해 보자. 방문 도시의 관광지도, 지하철 노선도 등을 구하거나 관광지를 추천받을 수도 있으며, 만약 머물 숙소를 예약하지 못한 상태라면 숙소를 추천받을 수 있고 부탁하면 예약도 해준다. 도착하는 공항이 생소하여 헤맬 수 있으므로 출발 전에 택시를 타는 장소나 공항버스 정류장 등의 위치를 문의해 보는 것도 좋은 방법이다.

핵심표현

칭 게이 워 이 쟝 띠티에 씨엔루투.
请给我一张地铁线路图。
Qǐng gěi wǒ yì zhāng dìtiě xiànlùtú.

TIP

다운로드 해서 가면 좋은 어플

어플		설명
고덕지도 (高德地图)		중국 여행 갈 때 필수 지도 어플! 다양한 경로 제시뿐만 아니라 사람들이 남겨 놓은 장소에 대한 다양한 후기도 볼 수 있다(중국어 지원).
디티에통 (地铁通)		중국 모든 도시의 전철 노선도를 제공하고 있다(중국어 지원).
디디 추싱 (滴滴出行)		어플로 예약해서 택시 및 각종 서비스의 차를 부를 수 있다(영어 지원).

여행 가서 바로 쓰는 문장

안내소는 어디에 있나요?	원쉰츄 짜이 날? 问询处在哪儿? Wènxùnchù zài nǎr?
공항버스는 어디에서 타나요?	지챵 따빠 짜이 날 쭈어? 机场大巴在哪儿坐? Jīchǎng dàbā zài nǎr zuò?
우다오커우(오도구)까지 가는 차는 몇 시에 있나요?	취 우따오코우 더 쳐 요우 지 디엔 더? 去五道口的车有几点的? Qù Wǔdàokǒu de chē yǒu jǐ diǎn de?
약도를 한 장 그려 주세요.	칭 화 거 지엔투, 하오 마? 请画个简图, 好吗? Qǐng huà ge jiǎntú, hǎo ma?
여기에서 호텔을 예약할 수 있나요?	쩔 커이 띵 지우띠엔 마? 这儿可以订酒店吗? Zhèr kěyǐ dìng jiǔdiàn ma?
값싼 호텔을 추천해 주세요.	칭 투이찌엔 이씨아 피엔이 디엔 더 지우띠엔. 请推荐一下便宜点的酒店。 Qǐng tuījiàn yíxià piányi diǎn de jiǔdiàn.

CHINA CULTURE

※ 중국인의 식생활 ※

아침

중국 역시 대부분 맞벌이를 하고 출근 시간도 이른 편이라, 아침을 집에서 직접 만들어 먹기보다는 밖에서 간단히 사 먹는다. 중국 사람들이 아침에 가장 많이 먹는 음식으로는 '바오즈(包子), 유탸오(油条), 더우쟝(豆浆, 중국식 두유)' 등이 있다.

'바오즈'는 채소나 고기 소가 있는 '찐만두'라고 생각하면 된다.

더우쟝에 유탸오를 찍어 먹으면 아침 한 끼 끝! 중국 사람들은 더우쟝에 설탕을 넣어 달콤하게 먹는 것을 좋아한다.

점심

중국 사람들은 점심 식사도 간단하게 해결하는 편인데, 직장의 구내식당이나 주변 식당에서 먹는다. 주로 면이나 덮밥류, 볶음밥 등을 주문해서 먹거나 노점이나 도시락 가게에서 저렴한 도시락을 사 먹기도 한다.

차오판(炒饭, 볶음밥)은 한국인 입맛에도 잘 맞는 음식 중 하나이다.

니우러우미엔(牛肉面, 소고기면)은 중국인들이 즐겨 먹는 대표 면 요리 중 하나이다.

저녁

맞벌이하는 부부의 경우, 남녀 구별 없이 먼저 집에 온 쪽이 식사 준비를 한다. 저녁은 간략한 아침, 점심 식사에 비해 제대로 요리해 갖춰 먹으며, 기본 상차림으로는 생선, 육류, 야채 요리, 그리고 탕 등이 있다. 요리를 위주로 밥이나 만터우를 곁들여 먹고, 나중에 탕을 마시고 난 후에 과일로 마무리한다.

만터우(饅头)는 '소가 없는 찐빵'이라고 생각하면 된다.

쏸라탕(酸辣汤)은 쓰촨(四川) 음식으로 시큼하고 매콤한 맛이 난다.

★ 식사 예절

우리나라에서는 탕이나 국을 밥과 함께 먹는 주 요리로 생각하지만, 중국 사람들은 식사를 거의 마쳐갈 때쯤 후식과 함께 탕을 입가심으로 마신다. 또 식사할 때 분위기는 그렇게 엄숙하지 않아 그저 맛있는 음식을 자유로운 대화 속에서 즐기면 된다. 면이나 탕을 먹을 때 입으로 소리를 내거나, 큰소리로 이야기하며 웃는 것이 식사 예절에 많이 어긋나는 행동은 아니므로 걱정하지 말자!

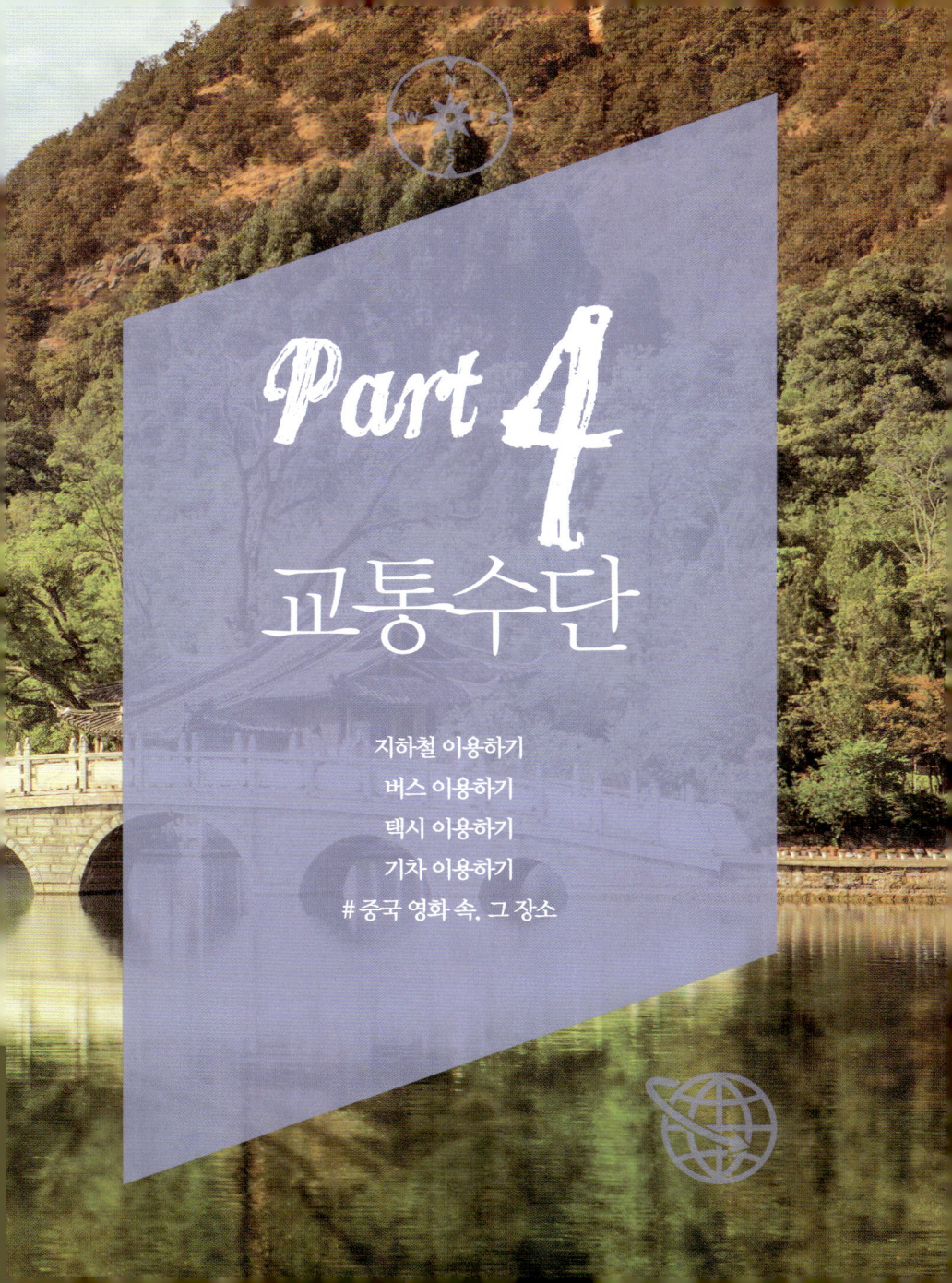

Part 4
교통수단

지하철 이용하기
버스 이용하기
택시 이용하기
기차 이용하기
#중국 영화 속, 그 장소

지하철 이용하기

지하철로 와이탄에 갈 수 있나요?

🎧 MP3 04-01

초보 여행자라면 여행을 준비하면서 공항에서 첫 번째 목적지까지 가는 최적의 교통수단을 선택하고, 가는 방법과 주소 등을 미리 메모해 두는 것이 좋다.

공항에서 목적지까지 공항선 지하철을 타기로 했다면 겁먹을 필요가 없다. 중국의 지하철은 우리나라와 매우 비슷하여 교통카드나 승차권을 사용하여 탑승할 수 있다. 다른 점이 있다면 공항처럼 개찰구 앞에 보안검색대가 있어 탑승 전에 소지하고 있는 물건들을 검사 받아야 한다는 것이다.

핵심 표현

쭈어 띠티에 커이 취 와이탄 마?

坐地铁可以去外滩吗?

Zuò dìtiě kěyǐ qù Wàitān ma?

질문 전에 먼저 '칭원(请问 qǐngwèn)'을 붙여 말하면 더 정중한 표현이 된다.

TIP

베이징의 교통카드, 이카통(一卡通)

중국으로 자유 여행이나, 유학을 가게 되면 교통카드를 구매해서 사용하는 것이 편리하다. 우리나라의 티머니(T-money)와 비슷한 기능으로 지하철뿐만 아니라 버스, 일부 상점이나 택시에서도 결제가 가능하다.

이카통은 구매 비용은 따로 없지만 보증금인 '야진(押金 yājīn)' 20元을 내야 하며, 카드를 반납할 때(退卡) 보증금을 돌려받을 수 있다. 처음 충전 시 최소 충전 금액은 20元이고, 이후에는 10元부터도 충전 가능하다.

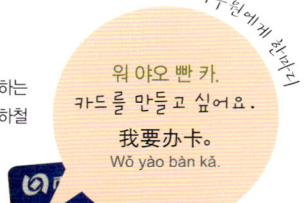

역무원에게 한마디!

워 야오 빤 카.
카드를 만들고 싶어요.
我要办卡。
Wǒ yào bàn kǎ.

여행 가서 바로 쓰는 문장

공항선은 어디에서 타야 해요?	지챵씨엔 짜이 날 쭈어? **机场线在哪儿坐?** Jīchǎngxiàn zài nǎr zuò?
매표소는 어디에 있나요?	쇼우피아오츄 짜이 날? **售票处在哪儿?** Shòupiàochù zài nǎr?
시단역에 가려면 몇 호선을 타야 해요?	취 시딴 쨘 쭈어 지 하오 씨엔? **去西单站坐几号线?** Qù Xīdān Zhàn zuò jǐ hào xiàn?
시즈먼에 가려면 어디에서 내려요?	취 시즈먼 짜이 날 씨아 쳐? **去西直门在哪儿下车?** Qù Xīzhímén zài nǎr xià chē?
어디서 갈아타면 돼요?	짜이 날 환청? **在哪儿换乘?** Zài nǎr huànchéng?
난뤄구샹 가는 출구가 어딘가요?	칭원, 취 '난루어구시앙' 더 츄코우 짜이 날? **请问, 去"南锣鼓巷"的出口在哪儿?** Qǐngwèn, qù 'nánluógǔxiàng' de chūkǒu zài nǎr?

+PLUS
시단역은 베이징에 있는 역 이름으로 1호선과 4호선의 환승역이다.

+PLUS
□ 갈아타다
환쳐 (换车 huànchē),
다오쳐 (倒车 dàochē)

버스 이용하기
천안문에 가려면 몇 번 버스를 타야 해요? 🎧 MP3 04-02

이제 대표적인 교통수단인 버스에 대해 알아보자. 중국 공항에서 목적지까지 공항버스를 타면 가격이 저렴하고, 정류장이 여러 곳에 있어 가야 할 숙소나 목적지와 가까운 곳에서 정차할 수 있다는 장점이 있다. 게다가 시내버스는 종류가 매우 다양해 지하철과 달리 중국 어느 지역을 가도 볼 수 있는 교통수단이다. 참고로 중국은 여전히 안내양이 있는 버스가 있는데 이럴 경우에는 안내양에게 목적지를 말한 후 돈을 지불하면 된다.

핵심 표현

취 티엔안먼 쭈어 지 루 처?
去天安门坐几路车?
Qù Tiān'ānmén zuò jǐ lù chē?

TIP

중국 버스 이용법

❶ 버스 정류장에 가면, 우리나라와 같이 현 위치의 명칭은 물론 노선별 행선지가 표지판 위에 자세히 쓰여 있다.

❷ 버스 번호는 각각의 번호를 하나씩 나열하듯 읽는다(방 번호, 전화번호 역시 동일하게 읽으면 된다).
예) 305**路** sān líng wǔ lù ← 여기서 **路**는 노선을 뜻한다!
그러나 이 일련번호가 두 자릿수 이하라면 일반적인 숫자 읽는 법과 동일하다.

❸ 교통카드를 사용할 때 동일한 요금을 적용하는 버스는 해당되지 않지만, 먼 거리를 가는 버스의 경우, 우리나라와 마찬가지로 내릴 때도 뒷문에 설치된 단말기에 태그하고 내려야 한다. 그렇지 않으면 가장 먼 거리를 이동하는 요금이 나온다.

여행 가서 바로 쓰는 문장

버스 정류장은 어디예요?	꽁지아오쳐 짠 짜이 날? 公交车站在哪儿? Gōngjiāochē zhàn zài nǎr?	
(버스 기사에게) 중관춘에 가나요?	취 쫑꽌춘 마? 去中关村吗? Qù Zhōngguāncūn ma?	**+PLUS** 중관춘은 베이징에 있는 전자 제품 쇼핑몰이다.
예원까지 몇 정거장이나 더 가야 해요?	따오 위위엔 하이 야오 쭈어 지 짠? 到豫园还要坐几站? Dào Yùyuán hái yào zuò jǐ zhàn?	**+PLUS** 예원은 상하이에 있는 명나라 때 지어진 개인 정원이다.
다음에 내리세요.	씨아 이 짠 씨아 쳐 바. 下一站下车吧。 Xià yí zhàn xià chē ba.	
내릴 사람 있어요?	요우 런 씨아 마? 有人下吗? Yǒu rén xià ma?	
잠시만요, 내릴게요.	덩덩, 워 야오 씨아. 等等, 我要下。 Děngdeng, wǒ yào xià.	**+PLUS** 간단하게 '내려요, 내려!'의 의미인 '씨아, 씨아!(下, 下 Xià, xià!)'라고 해도 된다.

택시 이용하기

홀리데이인 호텔로 가 주세요.

🎧 MP3 04-03

공항에서 베이징 시내까지 택시를 타면, 대략 60~100위안 정도의 요금이 나온다. 택시 기본 요금은 도시마다 차이가 있는데, 베이징은 13위안(원화로 2,300원 정도), 상하이는 14위안(원화로 2,500원 정도)이며 소도시들은 더 싸다.

핵심 표현

취 찌아르 지우띠엔 바.

去假日酒店吧。

Qù Jiàrì Jiǔdiàn ba.

TIP

택시 이용할 때 Tip

❶ 베이징의 택시 기본 요금을 살펴보면, 3km까지는 기본 요금인 13위안에 유류할증료(燃油附加费) 1위안을 받고, 이후 1km당 2.3위안씩 오른다. 밤에는 할증이 붙어서 밤 11시부터 다음 날 아침 5시까지 요금의 20% 정도가 가산된다.

❷ 중국어로 말하기 어렵다면, 메모에 목적지 주소를 한자로 크게 적어 택시 기사에게 보여 주자(★ 가장 좋은 방법)!

❸ 내릴 때 영수증을 꼭 챙기자! 택시 영수증에는 차 번호와 승하차 시간까지 다 나와 있어 물건을 두고 내렸거나, 바가지 요금을 받았을 때 증거 자료가 된다.

택시 기사에게 한마디

칭 다비아오 (쩌우).
미터기대로 가 주세요.
请打表(走)。
Qǐng dǎ biǎo (zǒu).

여행 가서 바로 쓰는 문장

트렁크 좀 열어 주세요.

칭 다카이 호우뻬이시앙.
请打开后备箱。
Qǐng dǎkāi hòubèixiāng.

(주소를 보여 주며)
이 주소로 가 주세요.

칭 따오 쩌거 띠즈.
请到这个地址。
Qǐng dào zhège dìzhǐ.

가까운 길로 가 주세요.

쩌우 찐 따오 바.
走近道吧。
Zǒu jìn dào ba.

공항까지 얼마나 걸리죠?

따오 지챵 쒸야오 뚜어 챵 스지엔?
到机场需要多长时间?
Dào jīchǎng xūyào duō cháng shíjiān?

20분이면 도착 가능합니다.

얼스 펀쯍 찌우 넝 따오.
20分钟就能到。
Èrshí fēnzhōng jiù néng dào.

영수증 주세요.

칭 게이 워 파피아오.
请给我发票。
Qǐng gěi wǒ fāpiào.

기차 이용하기

침대칸 표가 남아 있나요?

🎧 MP3 04-04

여행을 길게 가거나 유학생인 경우 다른 도시도 가 보고 싶기 마련이다. 이럴 때는 기차를 이용해 보자. 중국에서는 5~6시간을 기차로 이동하는 건 아무 것도 아니어서 먼 곳의 경우, 3박 4일을 기차를 타고 가기도 한다. 기차의 종류도 매우 다양한데, 멀리 간다면 침대칸(일반 침대 硬卧 yìngwò와 고급 침대 软卧 ruǎnwò)을 이용하거나 주요 도시를 갈 때는 고속철도(高铁 gāotiě나 动车 dòngchē)를 타보길 추천한다.

핵심 표현

요우 메이요우 워푸 피아오?
有没有卧铺票?
Yǒu méiyǒu wòpù piào?

TIP

어플로 기차 예약하기

씨트립(Ctrip)	취날(去哪儿)

→ 두 어플의 가격을 비교 후, 구매하는 것이 가장 좋다.
→ 표를 예매할 때는 꼭 여권에 있는 영문 이름으로 표기해야 한다.(한자 X!)
→ 기차 역에 도착한 후에는 예약 번호와 여권을 보여 줘야 표를 받을 수 있다.
→ 해당 어플로 기차 뿐만 아니라 숙소, 항공권 등도 예약 가능하다.

이외에 중국인들이 자주 사용하는 '巴士管家'하는 어플이 있는데, 장거리버스 예약뿐만 아니라 기차 예약도 가능하다.

여행 가서 바로 쓰는 문장

편도로 드릴까요, 왕복으로 드릴까요?	니 야오 딴청 더 하이스 왕판 더? 你要单程的还是往返的? Nǐ yào dānchéng de háishi wǎngfǎn de?
왕복표 한 장 주세요.	워 야오 이 장 왕판 피아오. 我要一张往返票。 Wǒ yào yì zhāng wǎngfǎn piào.
다섯 시에 출발하는 톈진 가는 고속철도 한 장 주세요.	워 야오 이 장 우 디엔 츄파 취 티엔진 더 까오티에 피아오. 我要一张5点出发去天津的高铁票。 Wǒ yào yì zhāng wǔ diǎn chūfā qù Tiānjīn de gāotiě piào.
일등석을 드릴까요 이등석을 드릴까요?	야오 이덩쭈어 하이스 얼덩쭈어? 要一等座还是二等座? Yào yīděngzuò háishi èrděngzuò?
표를 환불하고 싶은데요.	워 야오 투이피아오. 我要退票。 Wǒ yào tuìpiào.
기차에 물건을 두고 내렸어요.	워 바 싱리 왕 짜이 후어처 상 러. 我把行李忘在火车上了。 Wǒ bǎ xíngli wàng zài huǒchē shang le.

CHINA CULTURE

＊ 중국 영화 속, 그 장소 ＊

〈失恋33天〉 속, 그곳!

★ 신광천지(新光天地)
베이징에 있는 복합 쇼핑몰로 수백 개에 달하는 유명 브랜드가 입점해 있으며, 음식점의 종류도 다양해 볼거리와 먹을거리를 한 번에 해결할 수 있다.

★ 싼리툰(三里屯)
베이징의 이태원이라 불리는 싼리툰! 이국적인 노천 카페와 바(bar)가 즐비하며, 해질 무렵 여는 가게가 많다. 쇼핑을 할 수 있는 장소와 맛집 등이 몰려 있어 젊은이들에게 인기가 많다.

여자 주인공 소선(小仙)이 남자 친구의 불륜을 목격한 장소이다.

남자 주인공인 소천(小贱)이 여자 주인공 소선(小仙)에게 고백하던 장소가 바로 싼리툰!

〈回到爱开始的地方〉속, 그곳!

★ 푸얼시(普洱市)

윈난성 최남단에 위치한 도시로 중국 내 최대 차 생산지 중 한 곳이며, 푸얼차(보이차)의 고향으로 불린다. 푸얼시에 가면 도심 한복판에 우뚝 서 있는 제갈량 석상을 볼 수 있는데, 제갈량이 이곳에 제일 처음 푸얼차를 보급했다고 전해지면서 이를 기리어 세운 것이다.

할아버지의 오랜 소원을 풀고자 그의 고향인 푸얼을 찾은 남자 주인공 염주(念祖)! 이 영화의 배경이 되는 곳이 윈난의 푸얼시이다.

Part 5
숙소에서

체크인 하기 1(예약을 안 한 경우)
체크인 하기 2(예약을 한 경우)
호텔 서비스 이용하기
문제 해결하기
체크아웃 하기
간략한 숙소 정보

체크인 하기 1 — 방을 예약하려고 하는데요.

🎧 MP3 05-01

숙소는 여행 중에 쌓인 피로를 풀고 휴식을 취하는 장소로 여행에서 큰 비중을 차지한다. 여행 전에 미리 검색 후, 예약하고 가는 것이 가장 좋으나 혹시나 예약하지 못했다면 공항 안내소에서 추천 받거나 당일 예약이 가능한 숙소를 찾으면 된다. 단, 중국 연휴 기간에는 빈방이 없거나 가격이 매우 비싼 경우가 많다.

핵심 표현

워 시앙 위띵 팡지엔.
我想预订房间。
Wǒ xiǎng yùdìng fángjiān.

TIP

중국 숙소 알고 가기 - 호텔

우리나라가 호텔 등급을 무궁화로 표시하는 것처럼 중국은 별을 사용해 호텔의 등급을 표시한다.

❶ 중국의 호텔 등급을 표시하는 별의 경우, 똑같은 급의 호텔이라도 수준 차이가 심하고 기준이 명확하지 않을 때가 있어서 호텔 이름 뒤에 붙는 반점(饭店 fàndiàn), 주점(酒店 jiǔdiàn), 빈관(宾馆 bīnguǎn) 등을 보고 판단하는 것이 더 낫다.
- 반점 : 우리나라 4~5성급의 특급호텔 수준
- 주점 : 대주점(大酒店 dàjiǔdiàn)은 고급호텔, 4성급이 주를 이루며 3성급, 5성급도 있을 수 있다. 3성급 호텔은 비즈니스 호텔이라고 생각하면 된다.
- 빈관, 대하(大厦 dàshà) : 2~3성급이 주를 이루며, 도심에서 쉽게 찾아 볼 수 있다.

❷ 중국 숙소는 일반적으로 보증금을 지불해야 한다. 보증금은 퇴실할 때 각종 부대비용 및 기물 손실 비용 등을 공제한 후 돌려준다.

※ 숙박 요금 관련 영수증을 잘 보관해 두자.

여행 가서 바로 쓰는 문장

한국어 하실 수 있는 분 있나요?	요우 후이 슈어 한위 더 런 마? 有会说韩语的人吗？ Yǒu huì shuō Hányǔ de rén ma?
예약을 안 했는데요.	워 메이요우 위띵. 我没有预订。 Wǒ méiyǒu yùdìng.
빈방 있나요?	요우 메이요우 콩팡? 有没有空房？ Yǒu méiyǒu kōngfáng?
어떤 방을 원하십니까?	닌 야오 션머양 더 팡지엔? 您要什么样的房间？ Nín yào shénme yàng de fángjiān?
싱글룸으로 주세요.	워 시앙야오 딴런지엔. 我想要单人间。 Wǒ xiǎngyào dānrénjiān.
방 안에 욕조가 있나요?	팡지엔 리 요우 위깡 마? 房间里有浴缸吗？ Fángjiān li yǒu yùgāng ma?

+PLUS
- 더블룸 슈앙런지엔 (双人间 shuāngrénjiān)
- 스탠다드룸 삐아오쥰지엔 (标准间 biāozhǔnjiān)

Part 5 숙소에서

체크인 하기 2
체크인을 하고 싶은데요.

🎧 MP3 05-02

숙소를 저렴하게 이용하려면 여행을 떠나기 전 예약하는 것이 좋은데, 미리 예약하면 대부분의 호텔이 원래 가격에서 할인을 해 준다. 예약 후 특히 호텔의 경우 현장 지불 시 별도로 15%의 서비스 비용을 추가로 받는 곳이 많으므로 예약할 때와 비용이 다르다고 당황하지 말자. 숙소 예약은 예산에 맞게 인터넷이나 여행사를 통해 하면 된다. 인터넷이나 어플로 숙소 예약 시 꼭 알아야 할 단어로 '内宾'이 있다. 중국인만 손님으로 받겠다는 뜻이므로 방 정보에 '内宾'이 적혀 있으면 예약하면 안 된다.

핵심 표현

워 시앙야오 빤리 루쭈 쇼우쉬.

我想要办理入住手续。

Wǒ xiǎngyào bànlǐ rùzhù shǒuxù.

TIP

중국 호텔 알고 가기 - 호텔 외 숙박업소

중국에서는 외국인 관광객의 경우 법적으로 3성급 이상의 호텔만 숙박이 가능하며, 3성급 이상의 시설이 관광객이 이용하기에 적당하다.

❶ 여관급의 숙소인 초대소(招待所 zhāodàisuǒ)는 시설이 매우 열악하기 때문에 외국인은 이용할 수 없다.
❷ 저렴한 숙소로는 유스호스텔이나 도미토리를 선택하는 방법이 있고, 한국인이 운영하는 민박집도 곳곳에 있으며 많이 비싸지 않다.
❸ 방학 동안 대학 내의 기숙사를 일반 손님용으로 개방해 놓은 곳도 있으니 여행지 근처의 대학을 미리 알아보는 것도 좋은 방법이다.
❹ 가격이 저렴한 숙소의 경우, 온수를 24시간 제공하지 않는 곳이 많기 때문에 입실할 때 온수 사용이 가능한 시간을 반드시 미리 확인해야 한다.

여행 가서 바로 쓰는 문장

예약하셨습니까?

닌 위띵 러 마?
您预订了吗?
Nín yùdìng le ma?

네, 이름은 김다정입니다.

스 더, 워 찌아오 찐 뚜어쪈.
是的，我叫金多贞。
Shì de, wǒ jiào Jīn Duōzhēn.

먼저 이 표를 작성해 주세요.

칭 시엔 티엔 이씨아 쪄 쟝 비아오.
请先填一下这张表。
Qǐng xiān tián yíxià zhè zhāng biǎo.

8층 805호이고,
룸카드는 여기 있습니다.

빠 로우, 빠 링 우 팡지엔. 쪄 스 팡카.
8楼，805房间。这是房卡。
Bā lóu, bā líng wǔ fángjiān. Zhè shì fángkǎ.

체크아웃은 몇 시까지인가요?

지 디엔 즈 치엔 야오 투이팡?
几点之前要退房?
Jǐ diǎn zhī qián yào tuìfáng?

아침 식사는
몇 시부터 제공하나요?

짜오찬 지 디엔 카이스?
早餐几点开始?
Zǎocān jǐ diǎn kāishǐ?

호텔 서비스 이용하기
와이파이 비밀번호가 뭐예요?

🎧 MP3 05-03

호텔 숙박 시 호텔에서 제공하는 다양한 서비스를 이용해 보자. 중국 호텔은 대부분 객실 내에 비치된 생수 외에는 음료, 컵라면 간식 거리 등도 모두 요금이 있으니 먹기 전에 반드시 확인하고 이용해야 한다. 또한, 중국의 대형 호텔 내에는 헬스클럽, 수영장, 사우나, 식당 등의 시설이 갖추어져 있으며, 환전, 여행, 우체국 업무 등을 대행해 주는 곳도 있다. 다음 날 아침 일찍 체크아웃 하고 택시를 타고 공항에 가야 한다면, 그 전날 프런트 데스크에 콜택시를 불러 달라고 요청하자.

핵심 표현

우씨엔왕 미마 스 뚜어샤오?

无线网(Wi-Fi)密码是多少?

Wúxiànwǎng mìmǎ shì duōshao?

영어로 'Wi-Fi'라고 말해도 알아 듣는다.

TIP

호텔 컨시어지(concierge) 서비스

여행지에 익숙하지 않은 여행객의 경우 호텔에서 가장 편하게 도움받을 수 있는 직원으로 '컨시어지'가 있다. 호텔 컨시어지는 고급호텔 또는 휴양지호텔에는 일반화된 서비스로 근처 유명 음식점 예약 뿐만 아니라 항공편 예약, 관광지 안내 등 투숙객의 다양한 요구를 들어준다.

※ 참고로 호텔에 관한 전반적 문의는 프런트 직원에게 하면 된다. 작은 호텔의 경우, 프런트 직원이 컨시어지의 업무를 대체하기도 한다.

여행 가서 바로 쓰는 문장

제 짐을 방으로 좀 옮겨 주세요.	칭 바 워 더 싱리 쏭따오 팡지엔. 请把我的行李送到房间。 Qǐng bǎ wǒ de xíngli sòngdào fángjiān.
여기 1103호인데요.	쩔 스 야오 야오 링 싼 하오 팡지엔. 这儿是1103号房间。 Zhèr shì yāo yāo líng sān hào fángjiān.
수건 좀 더 가져다 주세요.	칭 짜이 게이 워 나 지 티아오 마오찐. 请再给我拿几条毛巾。 Qǐng zài gěi wǒ ná jǐ tiáo máojīn.
내일 아침 6시에 모닝콜 좀 부탁 드려요.	밍티엔 짜오샹 리우 디엔, 칭 찌아오싱 워. 明天早上6点，请叫醒我。 Míngtiān zǎoshang liù diǎn, qǐng jiàoxǐng wǒ.
호텔에 공항 셔틀버스가 있나요?	판디엔 요우 지챵 빤쳐 마? 饭店有机场班车吗? Fàndiàn yǒu jīchǎng bānchē ma?
택시 좀 불러 주시겠어요?	넝 빵 워 찌아오 이 리앙 츄쭈쳐 마? 能帮我叫一辆出租车吗? Néng bāng wǒ jiào yí liàng chūzūchē ma?

문제 해결하기
에어컨이 고장 난 거 같아요.

🎧 MP3 05-04

호텔 숙박 시 발생하는 여러 문제에 대해서는 호텔 프런트 데스크인 '치엔타이(前台 qiántái)'나 서비스 데스크인 '푸우타이(服务台 fúwùtái)'에 연락해 직원의 도움을 받을 수 있다.

핵심 표현

콩티아오 하오씨앙 화이 러.
空调好像坏了。
Kōngtiáo hǎoxiàng huài le.

TIP 알아 두면 좋은 호텔 관련 단어

따팅 **大厅** dàtīng 로비	커팡 **客房** kèfáng 객실	안취엔 츄코우 **安全出口** ānquán chūkǒu 비상구
야찐 **押金** yājīn 보증금	삥시앙 **冰箱** bīngxiāng 냉장고	띠엔스 **电视** diànshì 텔레비전
야오콩치 **遥控器** yáokòngqì 리모콘	콩티아오 **空调** kōngtiáo 에어컨	츄앙 **床** chuáng 침대

여행 가서 바로 쓰는 문장

인터넷이 안 돼요.	뿌 넝 썅왕. 不能上网。 Bù néng shàngwǎng.
뜨거운 물이 안 나와요.	메이요우 러슈이. 没有热水。 Méiyǒu rèshuǐ.
침대 시트가 더러워요, 바꿔 주세요.	츄앙딴 요우디알 짱, 칭 게이 워 환 이씨아. 床单有点儿脏，请给我换一下。 Chuángdān yǒudiǎnr zāng, qǐng gěi wǒ huàn yíxià.
변기가 막혔어요.	마통 두 러. 马桶堵了。 Mǎtǒng dǔ le.
룸카드를 안 가지고 나왔어요.	워 왕 러 따이 팡카. 我忘了带房卡。 Wǒ wàng le dài fángkǎ.
바로 사람을 보내도록 하겠습니다.	마쌍 파이 런 취 칸칸. 马上派人去看看。 Mǎshàng pài rén qù kànkan.

체크아웃 하기

지금 체크아웃 할게요.

🎧 MP3 05-05

중국 호텔의 일반적인 퇴실 시간은 다음 날 오전 11시~12시 사이다. 입실할 때 퇴실 시간을 프런트에서 미리 알아두고, 시간이 지나면 추가 요금이 얼마나 붙는지도 확인해 두는 것이 좋다. 또한, 입실 시 보증금을 지불했다면 체크아웃 할 때 보증금도 돌려받도록 하자.

핵심 표현

씨엔짜이 워 야오 투이팡.
现在我要退房。
Xiànzài wǒ yào tuìfáng.

TIP

체크아웃 하기 전에 다시 한번 확인하기

☑ 짐을 급하게 챙기지 말자! 짐은 전날 최대한 여유를 갖고 정리하는 게 좋으며, 출발하는 당일 급하게 짐을 챙기면 빠트리는 물건이 생길 수 있다.

☐ 빠진 짐은 없는지 다시 한번 확인하자(특히 여권 소지 여부 및 귀중품 등)!
　예) 러쉬(LUSH)에서 팩을 산 후, 냉장 보관 중이라면 냉장고 안도 다시 보자.

☐ 기내 반입이 불가한 물품은 미리 검색 후, 캐리어 안에 넣어두자.

☐ 공항까지 어떤 교통수단을 이용할지, 시간이 얼마나 걸리는지 다시 한번 확인하자.

여행 가서 바로 쓰는 문장

미리 체크아웃 해도 될까요?	넝 뿌 넝 티치엔 투이팡? 能不能提前退房？ Néng bu néng tíqián tuìfáng?
좀 늦게 체크아웃 해도 되나요?	넝 뿌 넝 완 이디엔 투이팡? 能不能晚一点退房？ Néng bu néng wǎn yìdiǎn tuìfáng?
계산서(Guest Check)이니, 한번 확인해 주세요.	쩌 스 닌 더 짱딴, 칭 닌 꾸어무. 这是您的账单，请您过目。 Zhè shì nín de zhàngdān, qǐng nín guòmù.
이건 무슨 요금이죠?	쩌 스 션머 페이용? 这是什么费用？ Zhè shì shénme fèiyòng?
이건 드신 맥주 비용입니다.	쩌 스 닌 허 더 피지우 페이용. 这是您喝的啤酒费用。 Zhè shì nín hē de píjiǔ fèiyòng.
계산이 잘못된 거 같아요.	니먼 하오씨앙 쑤안추어 러. 你们好像算错了。 Nǐmen hǎoxiàng suàncuò le.

Part 5 숙소에서

간략한 숙소 정보

여행 계획을 세울 때 먹거리와 볼거리에 예산을 많이 쓰기로 했다면 저렴한 숙소를 선택할 것이고, 편안한 잠자리를 제일 중요하게 여긴다면 비싸더라도 좋은 숙소를 고를 것이다. 숙소는 여행 예산을 짤 때, 항공권 다음으로 많은 비용이 드는 항목이므로 여행 전에 숙소를 꼼꼼히 알아 보자.

고급 호텔
숙박료 예산을 높게 잡았다면, 여행에서 또 하나의 추억과 휴식이 될 수 있는 럭셔리 고급 호텔을 선택해 보자.

★ 고급 호텔 체인점 추천

힐튼 호텔(希尔顿酒店)
홈피 : www.hilton.com

그랜드하얏트 호텔(君悦酒店)
홈피 : www.hyatt.com

비즈니스 호텔
숙소, 음식, 관광 중에서 어느 것 하나도 포기할 수 없다면, 합리적인 가격과 쾌적한 환경을 제공하는 비즈니스 호텔을 선택해 보자.

★ 비즈니스 호텔 체인점 추천

홀리데이인(假日酒店)
홈피 : www.ihg.com

진지앙인 호텔(锦江之星酒店)
홈피 : www.jinjianginns.com

★ 유스호스텔 맛보기

베이징 – 페킹 인터내셔널 유스호스텔(北平国际青年旅舍)
예약 사이트 : www.agoda.com

상하이 – 상하이 난징로드 유스호스텔(南京路青年旅舍)
예약 사이트 : www.agoda.com

시안 – 한탕이 유스호스텔(汉唐驿国际青年旅舍)
예약 사이트 : www.agoda.com

이비스 호텔(宜必思酒店)
홈피 : www.ibis.com

유스호스텔

중국을 여행하는 다양한 사람들을 만나고 싶다면, 저렴하면서도 실속 있는 유스호스텔을 선택해 보자.

예약은 어디에서 하는 게 좋을까?

중국 유스호스텔연맹 홈페이지(www.yhachina.com)에서는 베이징과 상하이 등의 대도시는 물론 작은 도시까지 전 세계 여행객들에게 유스호스텔 숙박 시설을 제공하고 있다. 이외에도 아고다(Agoda) www.agoda.com나 호스텔월드 www.hostelworld.com 등의 사이트에서 예약 가능하다.

Part 6

거리에서

길 물어보기
길을 잃어버렸을 때
#중국 길거리 음식 추천

길 물어보기

시즈먼 역까지 어떻게 가요?

🎧 MP3 06-01

여행을 하다 보면 지도를 봐도 도무지 가려고 하는 장소를 찾지 못할 때가 있다. 그럴 때 아래 핵심 표현을 사용해 길을 물어보자.

핵심 표현

시즈먼 짠 쩐머 쪼우?

西直门站怎么走?

Xīzhímén Zhàn zěnme zǒu?

중국 간판 미리보기

중국에 가기 전에 간판 모양과 주요 단어의 뜻만 파악하고 가도 길을 찾는 데 훨씬 도움이 된다.

시쇼우지엔
洗手间 xǐshǒujiān
화장실

띠티에
地铁 dìtiě
지하철

꽁안쥐
公安局 gōng'ānjú
경찰서

인항
银行 yínháng
은행

요우쥐
邮局 yóujú
우체국

이위엔
医院 yīyuàn
병원

여행 가서 바로 쓰는 문장

(메모한 목적지를 보여 주며) 여기로 가고 싶은데요.	워 시앙 취 쩔 我想去这儿。 Wǒ xiǎng qù zhèr.	

이 근처에 화장실이 있나요?
쩔 푸진 요우 메이요우 시쇼우지엔?
这儿附近有没有洗手间?
Zhèr fùjìn yǒu méiyǒu xǐshǒujiān?

있어요,
계속 직진하시면 됩니다.
요우, 이즈 쪼우 찌우 따오 러.
有，一直走就到了。
Yǒu, yìzhí zǒu jiù dào le.

여기서 가장 가까운 약국은 어디예요?
리 쩔 쭈이 찐 더 야오띠엔 짜이 날?
离这儿最近的药店在哪儿?
Lí zhèr zuì jìn de yàodiàn zài nǎr?

동물원에 가려고 하는데요.
워 야오 취 똥우위엔.
我要去动物园。
Wǒ yào qù dòngwùyuán.

+PLUS
- 미술관 메이슈관
  (美术馆 měishùguǎn)
- 박물관 보우관
  (博物馆 bówùguǎn)

얼마나 걸리죠?
쉬야오 뚜어 챵 스지엔?
需要多长时间?
Xūyào duō cháng shíjiān?

길을 잃어버렸을 때 | 길을 잃었어요.

MP3 06-02

최근에는 많은 여행객이 길을 찾아 주는 어플을 사용하기 때문에 길을 잃는 경우가 거의 없다. 그러나 가끔 어플 지도에도 표시가 되지 않거나 오류가 날 경우가 있는데, 그럴 때 아래의 핵심 표현을 사용해 질문해 보자.

핵심 표현

워 미루 러.

我迷路了。

Wǒ mílù le.

TIP 방향을 나타내는 표현

길을 물어봐도 중국어를 못하면 알아들을 수 없다. 여행 전에 방향에 관한 표현을 익히고 가면 좋은데, 그래도 알아듣기 어렵다면 아래 메모장에 약도를 그려 달라고 부탁해 보자.

이즈 쪼우	왕 요우 과이	왕 쭈어 과이	스쯔 루코우
一直走。	往右拐。	往左拐。	十字路口。
Yìzhí zǒu.	Wǎng yòu guǎi.	Wǎng zuǒ guǎi.	shízì lùkǒu
직진하세요.	우회전하세요.	좌회전하세요.	사거리

Memo 便条

请在这儿画个简图。 여기에 약도를 그려 주세요.

여행 가서 바로 쓰는 문장

이 거리를 뭐라고 부르죠?
쩌 티아오 지에 찌아오 션머?
这条街叫什么?
Zhè tiáo jiē jiào shénme?

여기가 어디죠?
쩔 스 션머 띠팡?
这儿是什么地方?
Zhèr shì shénme dìfang?

여기가 어디인지 모르겠어요.
워 뿌 즈따오 쩔 스 션머 띠팡.
我不知道这儿是什么地方。
Wǒ bù zhīdào zhèr shì shénme dìfang.

어디에 가려고요?
니 야오 취 날?
你要去哪儿?
Nǐ yào qù nǎr?

청핀서점에 가려고요.
워 야오 취 청핀 슈띠엔.
我要去诚品书店。
Wǒ yào qù Chéngpǐn shūdiàn.

+PLUS 청핀서점은 타이완(台湾)에서 시작해 2015년 쑤저우에도 개점했다.

저를 따라오세요, 안내해 줄게요.
칭 껀 워 라이, 워 따이 니 취.
请跟我来, 我带你去。
Qǐng gēn wǒ lái, wǒ dài nǐ qù.

CHINA CULTURE

＊ 중국 길거리 음식 추천 ＊

중국 거리를 걷다 보면 다양한 종류의 음식을 파는 노점들을 발견할 수 있다. 길거리 음식을 먹으며 식당에서는 느낄 수 없는 다양한 맛과 재미를 느껴보자.

양꼬치(羊肉串儿)

양꼬치는 가격으로 보나 맛으로 보나 부담 없이 즐길 수 있는 길거리 음식 중 하나이다. 맥주와 함께 먹어도 맛있고, '쯔란 가루(孜然粉)'에 찍어 먹으면 느끼한 맛을 잡을 수 있어 좋다.

양꼬치에는 맥주

취두부(臭豆腐)

취두부는 두부를 발효시킨 후 기름에 튀겨 만든 음식이다. 냄새가 정말 아찔할 정도인데, 눈에 보이지 않아도 냄새만으로 어디서 취두부를 파는지 알 수 있다. 맛은 냄새에 비해 고소한 편이며, 중국의 대표 길거리 음식으로 꼽힌다.

취두부를 가공식품으로 만들어 마트에서 팔기도 한다.

90

전병(煎饼)

전병은 중국 어느 지역을 가도 만날 수 있는 대중적 음식이다. 만드는 방법은 가게마다 지역마다 다른데, 보통 곡물 반죽을 얇게 발라 구운 후, 그 위에 날달걀을 풀어 익힌다. 그 다음에 야채, 매콤한 양념 등을 고루 넣어 만든다. 전병은 매우 저렴한 가격으로 만족스럽게 한끼를 해결할 수 있기 때문에 '가성비 최고'의 길거리 음식이라 하겠다.

탕후루(糖葫芦)

탕후루는 산사 나무 열매를 막대에 꿰어 달콤한 시럽을 바른 뒤 굳혀서 만드는 간식인데, 요즘에는 다양한 과일 및 견과를 꿰어 만들기도 한다. 빙탕후루(冰糖葫芦)라고도 말하며, 베이징 지역을 대표하는 전통 길거리 음식으로 과일의 새콤달콤한 맛이 인상적이다.

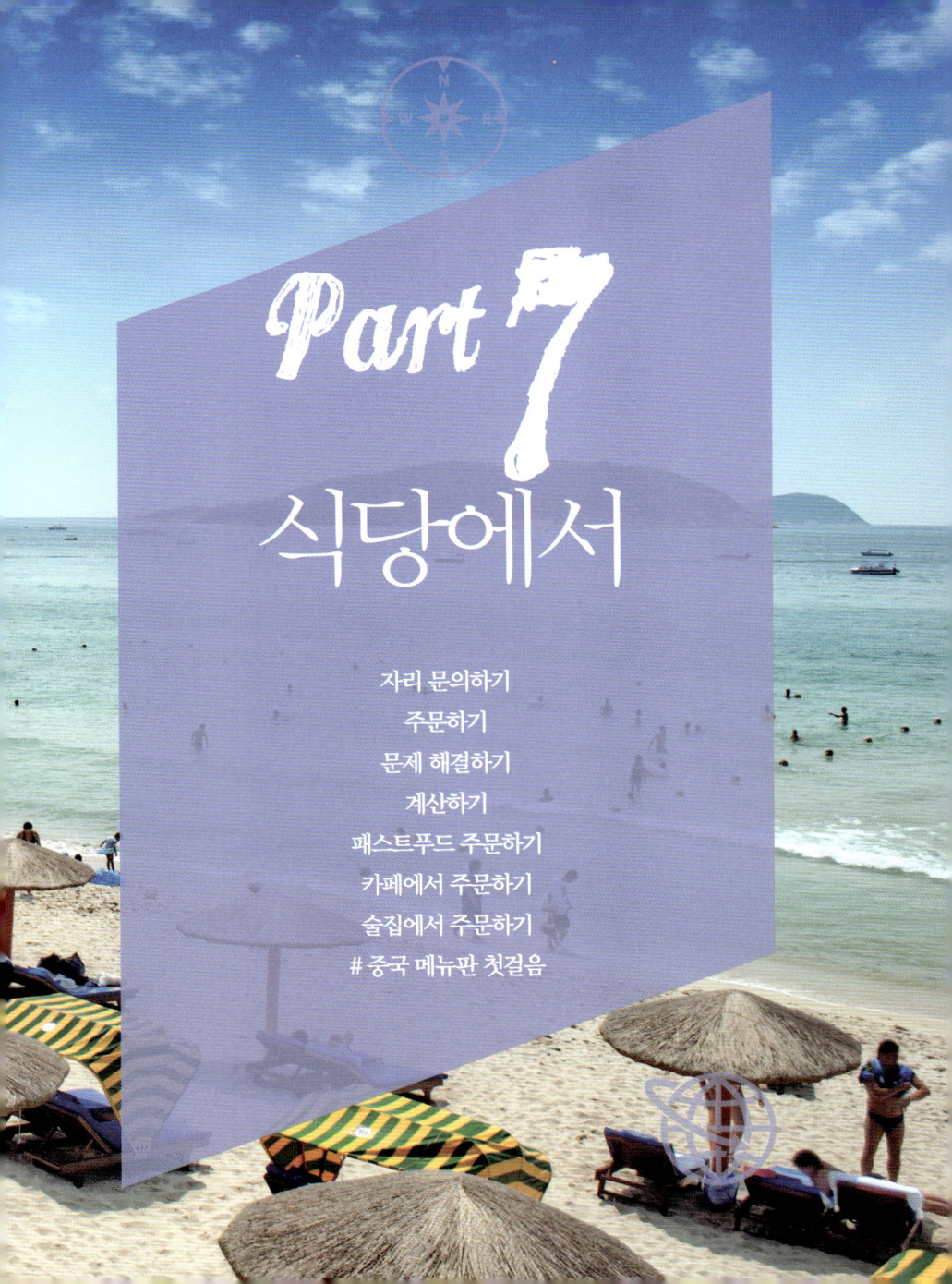

Part 7
식당에서

자리 문의하기
주문하기
문제 해결하기
계산하기
패스트푸드 주문하기
카페에서 주문하기
술집에서 주문하기
중국 메뉴판 첫걸음

자리 문의하기
얼마나 기다려야 하죠?

🎧 MP3 07-01

중국으로 여행을 가면 볼 것도 먹을 것도 정말 다양한데, 특히 식도락의 즐거움을 빼놓을 수 없다. '음식 천국'이라 불리는 중국의 식당은 파는 음식도 다양하고, 식당에 따라 주문 방법도 조금씩 다르다. 여행객들은 자주 현지 맛집을 검색 후 찾아가는데, 예약하지 않으면 대부분 장시간 기다려야 한다. 이때 아래의 핵심 표현을 사용해 식당 종업원에게 질문해 보자.

핵심 표현

야오 덩 뚜어 지우?

要等多久?

Yào děng duō jiǔ?

TIP 식당 예약 연습하기

여행을 가서 현지 예약은 잘 안 하게 되지만 만약의 경우를 대비해 간단한 표현들을 익혀 보자.

내일 저녁 6시에 예약하고 싶은데요.
워 야오 위띵, 밍완 리우 디엔.
A : 我要预订, 明晚6点。
Wǒ yào yùdìng, míngwǎn liù diǎn.

몇 분이세요?
칭원, 지 웨이?
B : 请问, 几位?
Qǐngwèn, jǐ wèi?

2명이고, 제 이름은 ○○○입니다.
리앙 웨이, 워 스~.
A : 两位, 我是○○○。
Liǎng wèi, wǒ shì ○○○.

식당에서 중국어로 숫자 표현이 어렵다면, 손가락으로 표시해 주자!

여행 가서 바로 쓰는 문장

예약하셨나요?	닌 위띵 러 마? 您预订了吗? Nín yùdìng le ma?
아니요, 자리 있나요?	메이요우, 요우 웨이즈 마? 没有，有位子吗? Méiyǒu, yǒu wèizi ma?
정말 죄송하지만, 지금은 자리가 없네요.	헌 빠오치엔, 씨엔짜이 메이요우 웨이즈 러. 很抱歉，现在没有位子了。 Hěn bàoqiàn, xiànzài méiyǒu wèizi le.
이쪽으로 앉으세요.	칭 쩌비엔 쭈어. 请这边坐。 Qǐng zhèbiān zuò.
원하는 곳에 앉으세요.	칭 쑤이삐엔 쭈어. 请随便坐。 Qǐng suíbiàn zuò.
여기에 앉아도 되나요?	커이 쭈어 쩔 마? 可以坐这儿吗? Kěyǐ zuò zhèr ma?

주문하기
저기요, 주문할게요!

🎧 MP3 07-02

음식 주문은 우리나라와 마찬가지로 종업원에게 원하는 메뉴를 말하거나 주문서에 체크한 후 전달한다. 중국어를 못해도 상관없는데, 손가락으로 메뉴판을 가리키며 '이것'이라는 뜻의 '쩌거(这个 zhège)'만 말하면 된다. 특별한 주문법도 있는데, 훠궈(火锅; 중국식 샤브샤브) 전문점 중 하나인 하이디라오(海底捞)는 메뉴판이 아이패드이다. 고객이 아이패드에 원하는 메뉴를 체크하면 음식 주문이 완료된다.

핵심표현

푸우위엔, 디엔 차이!

服务员，点菜!

Fúwùyuán, diǎn cài!

TIP
훠궈 주문 미리보기

중국 여행을 가면 꼭 먹어 보는 대표 음식 중 하나가 '훠궈'인데, 우리나라 사람들 입맛에도 잘 맞아 인기 있다. 다만 훠궈를 처음 주문하게 되면 많은 조리 재료에서 어떤 메뉴를 선택해야 할지 난감하다. 여행을 가기 전에 훠궈 주문 시 대표적으로 선택하는 재료를 미리 알아 보자.

① 탕(锅底/锅) 종류 선택

麻辣 : 매운 국물
(매움, 얼얼함)
清汤 : 하얀 국물(안 매움)

육수의 종류도 매우 다양해서 카레 맛, 토마토 맛도 있다.

② 안에 넣을 재료 추천

肥牛 : 소고기
肥羊 : 양고기
白菜 : 배추
小青菜 : 청경채
金针菇 : 팽이버섯
豆腐皮 : 두부피
土豆片 : 감자
虾丸 : 새우 완자
水晶粉 : 투명한 당면
宽粉 : 넓은 당면

③ 찍어 먹을 소스 선택

麻酱 : 참깨 소스(대표적)
辣椒油 : 고추 기름
麻油 : 참기름

참깨 소스에 여러 가지 양념을 추가해서 먹으면 더 맛있다(다진 마늘, 파, 참기름, 조미 간장을 넣어 보자).

주의 : 메뉴는 가게마다 지역마다 부르는 명칭이 조금씩 다르다는 것도 알아 두자!

여행 가서 바로 쓰는 문장

메뉴판 좀 주세요.	칭 게이 워 칸 이씨아 차이딴. 请给我看一下菜单。 Qǐng gěi wǒ kàn yíxià càidān.
주문하시겠어요?	닌 야오 디엔 차이 마? 您要点菜吗? Nín yào diǎn cài ma?
어떤 음식을 추천하나요?	니 요우 션머 투이찌엔 마? 你有什么推荐吗? Nǐ yǒu shénme tuījiàn ma?
가리시는 음식이 있나요?	닌 요우 션머 찌코우 더 마? 您有什么忌口的吗? Nín yǒu shénme jìkǒu de ma?
고수(샹차이)는 넣지 말아 주세요.	부야오 팡 시앙차이. 不要放香菜。 Búyào fàng xiāngcài.
옌징 맥주 두 병, 차가운 걸로요.	라이 리앙 핑 옌징 피지우, 야오 삥 더. 来两瓶燕京啤酒，要冰的。 Lái liǎng píng Yānjīng píjiǔ, yào bīng de.

문제 해결하기

주문한 음식이 아직 안 나왔어요.

🎧 MP3 07-03

식당에서 가끔 예기치 못한 일이 발생하기도 하는데, 예를 들어 주문한 음식이 안 나오거나 주문했던 음식과 다른 음식이 나오는 경우가 있다. 그럴 때는 당황하지 말고 우선 큰 소리로 식당 직원인 '푸우위엔(服务员 fúwùyuán)'을 불러 보자!

핵심 표현

워 디엔 더 차이 쩐머 하이 메이 쌍?

我点的菜怎么还没上?

Wǒ diǎn de cài zěnme hái méi shàng?

중국 식당 문화 살펴보기

- 중국 식당에서는 생수와 냅킨이 무조건 무료가 아니기 때문에 사용하기 전에 미리 확인하는 것이 좋다.
- 깨진 그릇이 나왔다고 화내지 말자. 예부터 중국 사람들은 식당에서 깨진 그릇이나 컵이 나오면 그 식당이 오래되어 인기가 좋고 맛있는 집이라고 생각하기 때문에, 새 것으로 교체하지 않는다고 한다. 그래도 손님이 원하면 다른 그릇으로 바꿔 주기 때문에 기분이 좋지 않다면 종업원을 불러 바꿔 달라고 하자.

여행 가서 바로 쓰는 문장

이건 제가 주문한 게 아닌데요.	쪄 부 스 워 디엔 더. 这不是我点的。 Zhè bú shì wǒ diǎn de.

저는 볶음밥을 주문했어요.	워 디엔 러 챠오판. 我点了炒饭。 Wǒ diǎn le chǎofàn.	**+PLUS** □ 쌀밥 미판 (米饭 mǐfàn) □ 면 미엔 (面 miàn)

음식 좀 빨리 가져다 주시겠어요?	칭 콰이 디알 쌍차이, 하오 마? 请快点儿上菜，好吗？ Qǐng kuài diǎnr shàngcài, hǎo ma?

자리를 저기로 옮겨도 될까요?	워 커이 환따오 날 마? 我可以换到那儿吗？ Wǒ kěyǐ huàndào nàr ma?

육수 좀 더 주세요.	짜이 지아 이디엔 탕디 바. 再加一点汤底吧。 Zài jiā yìdiǎn tāngdǐ ba.

젓가락 좀 다시 주세요.	칭 짜이 게이 워 이 슈앙 콰이즈. 请再给我一双筷子。 Qǐng zài gěi wǒ yì shuāng kuàizi.

계산하기

저기요, 계산해 주세요.

🎧 MP3 07-04

식사 후에는 계산을 해야 하는데, 앉은 자리에서 바로 계산하는 식당이 많다. 이럴 경우에는 금액을 확인하고 돈을 준비해야 하기 때문에 식사가 끝나갈 즈음에 종업원에게 계산서를 달라고 말한다. 중국은 비자(Visa), 마스터(Master) 등의 해외 카드로 계산할 수 없는 가게가 아직도 많기 때문에 현금을 미리 준비하는 것이 가장 좋다.

핵심 표현

푸우위엔, 마이딴.

服务员，买单。

Fúwùyuán, mǎidān.

TIP

위챗페이(WeChat Pay)란?

위챗은 중국의 인터넷 서비스 제공 업체인 텐센트가 출시한 모바일 메신저로 중국의 국민 어플이다. 위챗에는 다양한 기능이 탑재되어 있는데, 그중 하나가 위챗페이이다. 위챗페이를 통해 계좌이체나 간편결제 기능을 이용해 돈을 주고받을 수 있으며, 위챗에서 생성한 나의 결제 QR코드(二维码)를 이용해 결제하거나 매장에 있는 QR코드를 스캔하는 방법으로 결제할 수 있다.

중국은 QR코드가 매우 활성화되어 있어 가게는 물론 길거리 노점상에도 QR코드로 결제가 가능하다. 위챗페이 이외에 알리페이(Alipay)도 자주 사용한다. 위챗페이는 중국어로 '웨이씬 즈푸(微信支付 Wēixìn Zhīfù)', 알리페이는 '즈푸바오(支付宝 Zhīfùbǎo)'라 한다.

여행 가서 바로 쓰는 문장

전부 얼마죠?	이꽁 뚜어샤오 치엔? 一共多少钱? Yígòng duōshao qián?
계산은 제가 할게요.	워 라이 마이딴 바. 我来买单吧。 Wǒ lái mǎidān ba.
거스름돈을 잘못 줬어요.	니 쟈오추어 치엔 러. 你找错钱了。 Nǐ zhǎocuò qián le.
거스름돈은 안 주셔도 돼요.	부용 쟈오 러. 不用找了。 Búyòng zhǎo le.
영수증 주세요.	칭 게이 워 카이 쟝 파피아오. 请给我开张发票。 Qǐng gěi wǒ kāi zhāng fāpiào.
이 금액은 뭐죠?	쩌거 찐어 스 션머? 这个金额是什么? Zhège jīn'é shì shénme?

패스트푸드 주문하기
3번 세트로 1개 주세요.

🎧 MP3 07-05

중국으로 여행을 오면 다양한 먹거리에 재미를 느끼기도 하지만, 다소 강한 음식 맛에 익숙한 맛이 그리워진다. 이럴 경우에는 전 세계 어디서든 비슷한 맛을 내는 패스트푸드 체인점에 가 보는 것도 좋은 방법이다. 거리를 걷다 보면 우리나라에서 봤던 익숙한 간판들이 눈에 띄는데, 맛도 비슷하고 주문 방식도 차이가 거의 없다. 먹고 싶은 음식을 선택한 후, 메뉴판에 적힌 번호와 세트 메뉴라는 뜻의 '타오찬(套餐 tàocān)'을 말하면 된다.

핵심 표현

워 야오 이 거 싼 하오 타오찬.
我要一个三号套餐。
Wǒ yào yí ge sān hào tàocān.

TIP

패스트푸드 체인점 미리보기
중국에 진출한 다양한 패스트푸드 체인점들이 있는데, 그중 대표적인 몇 가지를 알아보자.

컨더지	마이땅라오	싸이바이웨이	지예지아
肯德基	**麦当劳**	**赛百味**	**吉野家**
Kěndéjī	Màidāngláo	Sàibǎiwèi	jíyějiā
KFC	맥도날드	서브웨이	요시노야

일본의 대표 덮밥 체인점!

여행 가서 바로 쓰는 문장

(맥도날드에서) 빅맥 세트 1개 주세요.	워 야오 이 거 쮜우빠 타오찬. 我要一个巨无霸套餐。 Wǒ yào yí ge jùwúbà tàocān.
음료는 무엇으로 하시겠어요?	쉬야오 션머 인리아오? 需要什么饮料? Xūyào shénme yǐnliào?
스프라이트로 주세요.	워 야오 이 뻬이 쉬에삐. 我要一杯雪碧。 Wǒ yào yì bēi xuěbì.
콜라 대신 오렌지 주스로 바꿀 수 있나요?	커이 바 커러 환청 청즈 마? 可以把可乐换成橙汁吗? Kěyǐ bǎ kělè huànchéng chéngzhī ma?
여기서 드실 거예요, 가지고 가실 거예요?	짜이 쩔 츠 하이스 따이 쪼우? 在这儿吃还是带走? Zài zhèr chī háishi dài zǒu?
여기서 먹을게요.	짜이 쩔 츠. 在这儿吃。 Zài zhèr chī.

Part 7 식당에서

103

카페에서 주문하기

아이스 아메리카노 한 잔 주세요.

🎧 MP3 07-06

'차(茶)의 나라'로 불리는 중국은 아직까지 커피보다 차를 마시는 문화가 더 발달해 있다. 하지만 중국에도 최근 몇 년 동안 커피를 마시는 문화가 유행하면서 거리 곳곳에 생긴 커피 전문점을 쉽게 찾아볼 수 있다. 덕분에 여행객들도 어디서든 맛있는 커피를 즐길 수 있으며, 현지 브랜드 카페도 많아져 다양한 맛의 커피를 맛볼 수 있다.

핵심 표현

워 야오 이 뻬이 삥 메이스.

我要一杯冰美式。

Wǒ yào yì bēi bīng měishì.

TIP 카페 메뉴 미리보기

중국은 커피 이름을 영어로 말하면 잘 못 알아듣기 때문에 중국식 발음을 미리 외워 가는 것이 좋다.

메이스 카페이
美式咖啡
měishì kāfēi
아메리카노

나티에
拿铁
nátiě
라떼

시앙차오 나티에
香草拿铁
xiāngcǎo nátiě
바닐라라떼

지아오탕 마치두어
焦糖玛奇朵
jiāotáng mǎqíduǒ
카라멜마키아또

모챠 나티에
抹茶拿铁
mǒchá nátiě
녹차라떼

모카
摩卡
mókǎ
모카

싱삥러
星冰乐
xīngbīnglè
프라푸치노

홍챠
红茶
hóngchá
홍차

여행 가서 바로 쓰는 문장

(스타벅스에서)
따뜻한 시그니처 초콜릿 한 잔 주세요.

워 야오 이 뻬이 러 징디엔 치아오커리.
我要一杯热经典巧克力。
Wǒ yào yì bēi rè jīngdiǎn qiǎokèlì.

어떤 사이즈로 드릴까요?

닌 시앙야오 나 종 뻬이싱?
您想要哪种杯型?
Nín xiǎngyào nǎ zhǒng bēixíng?

톨(중간) 사이즈로 주세요.

워 야오 쫑뻬이 더.
我要中杯的。
Wǒ yào zhōngbēi de.

+PLUS
- 그란데 따뻬이(大杯 dàbēi)
- 벤티 챠오 따뻬이
  (超大杯 chāo dàbēi)

뜨거운 물 좀 더 주세요.

칭 지아 디알 러슈이.
请加点儿热水。
Qǐng jiā diǎnr rèshuǐ.

+PLUS
- 얼음 삥콸(冰块儿 bīngkuàir)

치즈 케이크 한 조각 주세요.

워 야오 이 콸 즈스 딴까오.
我要一块儿芝士蛋糕。
Wǒ yào yí kuàir zhīshì dàngāo.

빨대는 어디 있나요?

시괄 짜이 날?
吸管儿在哪儿?
Xīguǎnr zài nǎr?

술집에서 주문하기 칭다오 생맥주 한 잔 주세요.

🎧 MP3 07-07

중국 사람들은 술을 권하고 보통 첫 잔은 '깐뻬이(干杯 gānbēi; 잔을 다 비우는 것)'를 하는 경우가 많다. 그리고 한국과는 달리 술잔을 비우지 않은 상태에서도 첨잔을 하므로, 굳이 잔을 다 비우려 애쓰지 않아도 된다. 맥주를 제외한 중국 술은 알코올 농도가 보통 30~50℃ 이상으로 한국 술보다 독하기 때문에 과하게 마시지 않는 것이 좋다.

핵심 표현

게이 워 이 뻬이 칭다오 쟈피.

给我一杯青岛扎啤。

Gěi wǒ yì bēi Qīngdǎo zhāpí.

TIP

중국의 술 종류

중국 술 하면 대부분 칭다오 맥주를 떠올린다. 하지만 중국은 넓은 땅만큼 다양한 종류의 술이 넘쳐나는데, 그중에서도 인기가 좋고 마시기 좋은 술의 종류는 아래와 같다.

칭다오 피지우	하얼삔 피지우	옌징 피지우
青岛啤酒	**哈尔滨啤酒**	**燕京啤酒**
Qīngdǎo píjiǔ	Hā'ěrbīn píjiǔ	Yānjīng píjiǔ
칭다오 맥주	하얼빈 맥주	옌징 맥주

베이징을 대표하는 맥주!

옌타이 구니앙	얼꾸어토우 지우	쌰오싱지우
烟台古酿	**二锅头酒**	**绍兴酒**
Yāntái gǔniàng	èrguōtóu jiǔ	shàoxīngjiǔ
옌타이 고량주	이과두주	소흥주

중국 서민들이 즐겨 찾는 술로 56℃이다.

중국의 대표적인 황주로 시진핑이 오바마에게 내놓은 술로 유명하다.

여행 가서 바로 쓰는 문장

무엇을 마시겠습니까?	닌 야오 허 션머? 您要喝什么? Nín yào hē shénme?

백주 한 병 주세요.

라이 이 핑 바이지우.
来一瓶白酒。
Lái yì píng báijiǔ.

+PLUS
- **칵테일** 지웨이지우 (鸡尾酒 jīwěijiǔ)
- **위스키** 웨이스찌 (威士忌 wēishìjì)

병따개는 어디 있죠?

핑치즈 짜이 날?
瓶起子在哪儿?
Píngqǐzi zài nǎr?

이 술은 몇 도나 되나요?

쩌거 지우 뚜어샤오 뚜?
这个酒多少度?
Zhège jiǔ duōshao dù?

위스키에 얼음을 넣어서 주세요.

워 야오 지아 삥쾈 더 웨이스찌.
我要加冰块儿的威士忌。
Wǒ yào jiā bīngkuàir de wēishìjì.

한 병 더 주세요.

칭 짜이 라이 이 핑.
请再来一瓶。
Qǐng zài lái yì píng.

※ 중국 메뉴판 첫걸음 ※

처음 중국에 가서 메뉴판을 펼쳐 보면 사진이 있어도 어렵고 읽히지 않는 한자에 당황스러워 아무거나 시키기 일쑤이다. 하지만 걱정은 금물! 무슨 요리인지 몰라도 메뉴판에 있는 단어들을 조합해 음식 재료나 조리법을 짐작할 수 있다.

Mission 01 – 음식 종류 선택하기!

| 판
饭
fàn
밥 | 미엔
面
miàn
면 | 탕
汤
tāng
탕 | 죠우
粥
zhōu
죽 |

Mission 02 – 요리 재료 선택하기!

| 니우로우
牛肉
niúròu
소고기 | 쥬로우
猪肉
zhūròu
돼지고기 | 지로우
鸡肉
jīròu
닭고기 | 야로우
鸭肉
yāròu
오리고기 | 양로우
羊肉
yángròu
양고기 | 위
鱼
yú
생선 | 지딴
鸡蛋
jīdàn
계란 | 시앙챵
香肠
xiāngcháng
소세지 |

Mission 03 – 조리법 선택하기!

| 챠오
炒
chǎo
볶음 | 쟈
炸
zhá
튀김 | 카오
烤
kǎo
직화구이 | 지엔
煎
jiān
(전 등을) 기름에 부치는 것 |
| 졍
蒸
zhēng
찜 | 쥬
煮
zhǔ
끓여서 익히는 것 | 빤
拌
bàn
무침, 버무림 | 뚠
炖
dùn
약한 불에 장시간 삶는 것, 조림 |

Mission 04 – 재료를 어떻게 썰었는지 파악하기!

치에 피엔	치에 쓰	치에 티아오	치에 띵
切片	切丝	切条	切丁
qiē piàn	qiē sī	qiē tiáo	qiē dīng
납작하게 썰은 것	가늘게 채로 썰은 것	굵고 길게 썰은 것	직육면체 모양으로 썰은 것

한국인의 입맛에 맞는 중국 요리 추천 Best 5!

① 궁바오지딩(宮保鸡丁)
  닭고기를 땅콩, 매운 고추와 함께 볶아 알싸하고 매콤한 맛과 향이 나는 요리이다.

② 탕추리지(糖醋里脊)
  원조 탕수육이라 생각하면 되는데, 한국 탕수육보다 맛이 더 시큼하고 달다.

③ 위샹러우쓰(鱼香肉丝)
  이름에 물고기를 뜻하는 '鱼' 자가 들어 있어 자주 생선요리로 오해한다. 하지만 돼지고기를 채썰어 새콤달콤하게 볶은 요리로 우리 입맛에 잘 맞는다.

④ 훈툰(馄饨)
  만둣국이라 생각하면 되는데, 중국의 느끼한 음식에 질렸을 때 먹기 좋다.

⑤ 차오판(炒饭)
  메뉴판을 아무리 봐도 모르겠다면, 볶음밥인 차오판을 시켜 보자! 특히 양저우 차오판(扬州炒饭)에는 갖은 재료가 들어가 더 맛있다.

Part 8
관광할 때

관광 안내소에 문의하기
관광명소 구경하기
사진 찍기
공연 관람하기
마사지 받기
중국 볼거리 추천

관광 안내소에 문의하기

관광 안내소는 어디에 있나요?

🎧 MP3 08-01

관광 안내소는 시내 곳곳에서 찾아볼 수 있는데, 여행객들을 위한 다양한 서비스를 제공하고 있다. 무료로 관광 안내서를 제공할 뿐만 아니라 현지 관광상품 판매, 교통 노선에 대한 정보 제공, 숙박 장소 예약 및 식당 추천에 이르기까지 폭넓은 서비스를 해 준다. 여행 전 관광할 곳에 대한 계획을 제대로 세우지 못했거나 목적지까지 가는 방법이 헷갈릴 경우, 관광 안내소를 이용하는 것도 좋은 방법이다.

핵심 표현

뤼요우 푸우 쫑신 짜이 날?

旅游服务中心在哪儿?

Lǚyóu fúwù zhōngxīn zài nǎr?

TIP

관광하기 전 주의 사항
- 단체 여행 시에는 개인 행동을 삼가고, 길을 잃지 않게 가이드의 말에 귀기울이자.
- 현금은 분산시켜서 휴대하고 다니는 것이 비교적 안전하고, 소매치기에 주의하자.
- 지갑이나 여권, 카메라, 휴대 전화 등의 귀중품은 특히 신경 써서 관리하자.

여행 가서 바로 쓰는 문장

관광 지도를 한 장 주세요.	칭 게이 워 이 쟝 뤼요우 띠투. 请给我一张旅游地图。 Qǐng gěi wǒ yì zhāng lǚyóu dìtú.
한국어로 된 여행 가이드북 있나요?	요우 한원 더 뤼요우 쇼우처 마? 有韩文的旅游手册吗? Yǒu Hánwén de lǚyóu shǒucè ma?
가 볼 만한 곳을 추천해 주시겠어요?	칭 게이 워먼 투이찌엔 이씨아 하오왈 더 띠팡. 请给我们推荐一下好玩儿的地方。 Qǐng gěi wǒmen tuījiàn yíxià hǎowánr de dìfang.
여기서 걸어서 갈 수 있나요?	커이 총 쩔 쪼우 져 취 마? 可以从这儿走着去吗? Kěyǐ cóng zhèr zǒu zhe qù ma?
왕복으로 얼마나 걸리나요?	왕판 쉬야오 뚜어 챵 스지엔? 往返需要多长时间? Wǎngfǎn xūyào duō cháng shíjiān?
시내 투어를 신청하고 싶은데요.	워 시앙 빠오 스네이 뤼요우투안. 我想报市内旅游团。 Wǒ xiǎng bào shìnèi lǚyóutuán.

관광명소 구경하기
입장권은 어디에서 사요?

🎧 MP3 08-02

관광에 나서기 전 문화 유적지나 박물관, 기념관, 극장 등의 쉬는 날과 개관, 폐관 시간을 미리 알고 가야 일정에 차질이 생기지 않는다. 그리고 중국은 입장료가 비싼 편인데, 보통 100위안(원화로 17,000원 정도)이 넘는 곳이 많아 여행 예산에서 많은 비중을 차지하게 된다. 다만 관광지별로 여권을 제시하면 학생, 노인 할인을 해 주는 곳도 많으므로 여권을 꼭 챙기도록 하자.

핵심 표현

먼피아오 짜이 날 마이?
门票在哪儿买?
Ménpiào zài nǎr mǎi?

TIP 초간단 대표 관광명소 추천

- 베이징(北京) : 만리장성(长城), 이화원(颐和园), 798예술거리(798艺术区), 천안문(天安门), 중국국가박물관(中国国家博物馆), 중국미술관(中国美术馆)
- 상하이(上海) : 와이탄(外滩), 동방명주(东方明珠), 예원(豫园), 상하이박물관(上海博物馆), 상하이미술관(上海美术馆), 상하이디즈니랜드(上海迪士尼乐园)

798예술거리

예원

와이탄

이화원

여행 가서 바로 쓰는 문장

입장권은 얼마예요?	먼피아오 뚜어샤오 치엔? 门票多少钱? Ménpiào duōshao qián?

이 박물관은 입장권을 사야 하나요?	쪄거 보우관 야오 부 야오 마이 먼피아오? 这个博物馆要不要买门票? Zhège bówùguǎn yào bu yào mǎi ménpiào?

학생 할인 되나요?	쉬에성 커이 요우후이 마? 学生可以优惠吗? Xuésheng kěyǐ yōuhuì ma?

폐관은 몇 시에 하나요?	지 디엔 꽌먼? 几点关门? Jǐ diǎn guānmén?

팸플릿이 있나요?	요우 메이요우 시아오처즈? 有没有小册子? Yǒu méiyǒu xiǎocèzi?

기념품을 파는 곳이 있나요?	요우 메이요우 마이 찌니엔핀 더 샹띠엔? 有没有卖纪念品的商店? Yǒu méiyǒu mài jìniànpǐn de shāngdiàn?

Part 8 관광할 때

사진 찍기
사진 좀 찍어 주시겠어요?

🎧 MP3 08-03

관광지에 가면 사진은 필수이다. 혼자 여행 중이라 사진 찍기 곤란하거나 같이 간 일행과 함께 사진을 찍고 싶을 때, 아래 핵심 표현을 사용해 사진을 요청해 보자. 참고로 중국의 유명 관광지 중에는 멋진 배경에서 사진을 찍으려고 할 때 자리값을 요구하기도 하므로 사진 촬영 전에 돈을 지불해야 하는지 미리 물어보는 것이 좋다.

핵심 표현

커이 빵 워 파이 쟝 쨔오피엔 마?

可以帮我拍张照片吗?

Kěyǐ bāng wǒ pāi zhāng zhàopiàn ma?

TIP 각종 주의 표지 알고 가기

싱런 즈뿌
行人止步
xíngrén zhǐbù
출입 금지

찐즈 시옌
禁止吸烟
jìnzhǐ xīyān
흡연 금지

찐즈 파이쨔오
禁止拍照
jìnzhǐ pāizhào
사진 촬영 금지

칭우 츄모
请勿触摸
qǐngwù chùmō
손대지 마세요

여행 가서 바로 쓰는 문장

여기서 사진 찍어도 되나요?	쩔 커이 파이쨔오 마? 这儿可以拍照吗？ Zhèr kěyǐ pāizhào ma?
여기는 촬영 금지 구역입니다.	쩔 찐즈 파이쨔오. 这儿禁止拍照。 Zhèr jìnzhǐ pāizhào.
제가 사진 찍어 드릴까요?	쉬야오 워 빵 니 파이쨔오 마? 需要我帮你拍照吗？ Xūyào wǒ bāng nǐ pāizhào ma?
이 버튼을 누르면 돼요.	안 쪄거 찌우 싱. 按这个就行。 Àn zhège jiù xíng.
하나, 둘, 셋, 치즈!	이, 얼, 싼, 치에즈! 一、二、三，茄子！ Yī、èr、sān, qiézi!
한 장 더 찍어 주세요.	칭 짜이 파이 이 쟝, 하오 마? 请再拍一张，好吗？ Qǐng zài pāi yì zhāng, hǎo ma?

+PLUS '茄子'의 원래 뜻은 가지인데, 한국에서 사진을 찍을 때 '김치~, 치즈~'라고 하는 표현과 같다.

공연 관람하기
내일 저녁 공연 표를 예약하고 싶은데요.

🎧 MP3 08-04

중국에 가면 명승지뿐만 아니라 경극, 서커스 등도 대표 볼거리 중 하나이다. 공연을 관람할 계획이 있다면, 여행 일정을 짜기 전에 공연 일정을 미리 확인하는 것이 좋다. 사전에 예약하면 가격 할인을 받거나 원하는 좌석에 앉을 수 있다. 하지만 부득이한 사정으로 예약하지 못했다면, 아래 핵심 표현을 사용해 표를 구매해 보자.

핵심 표현

워 야오 띵 밍완 더 피아오.
我要订明晚的票。
Wǒ yào dìng míngwǎn de piào.

TIP

경극(京剧)과 서커스(杂技)

중국 지역마다 대표 공연이 있는데, 그중에서도 베이징에 가면 경극을 보고, 상하이에 가면 서커스를 보라는 말이 있다.

- 경극은 '베이징 오페라'라고 불리는 전통 연극으로 우리나라 사람들에게는 영화 〈패왕별희〉를 통해 잘 알려져 있다. 베이징의 '노사차관(老舍茶馆)'에 가면 다과를 즐기면서 경극, 서커스, 중국식 만담 등을 관람할 수 있다.

- 중국의 서커스는 긴 역사를 자랑하는데, 특히 상하이의 서커스는 전 세계적으로 명성을 떨치고 있다. 상하이에 가면 상하이 서커스 중에서도 최고라는 '마시청(马戏城) 서커스'를 꼭 구경하도록 하자.

여행 가서 바로 쓰는 문장

오늘 밤에 상연하는 것은 뭐죠?	찐완 옌 션머? 今晚演什么? Jīnwǎn yǎn shénme?
무대와 가까운 좌석으로 주세요.	칭 게이 워 치엔파이 더 쭈어웨이. 请给我前排的座位。 Qǐng gěi wǒ qián pái de zuòwèi.
전부 매진됐습니다.	취엔 또우 마이꽝 러. 全都卖光了。 Quán dōu màiguāng le.
영어 자막이 나오나요?	요우 잉원 쯔무 마? 有英文字幕吗? Yǒu Yīngwén zìmù ma?
공연 시간은 얼마나 되나요?	옌 뚜어 챵 스지엔? 演多长时间? Yǎn duō cháng shíjiān?
공연 관람 시 휴대 전화는 꺼 주십시오.	꽌칸 옌츄 스 칭 꽌삐 쇼우지. 观看演出时请关闭手机。 Guānkàn yǎnchū shí qǐng guānbì shǒujī.

마사지 받기
발 마사지를 받고 싶어요.

🎧 MP3 08-05

여행에 녹초가 된 두 다리를 푸는 데에는 마사지만큼 좋은 방법도 없다. 특히 중국에서 받는 마사지는 가격이 매우 저렴해 누구나 부담없이 즐길 수 있으며 거리 곳곳에서 마사지샵을 쉽게 찾을 수 있다. 이곳저곳을 걸어 다녀야 하는 여행에서 발 마사지를 받아 보는 것도 자신에게 주는 특별한 선물이 될 것이다.

핵심 표현

워 시앙 쭈어 지아오디 안모.
我想做脚底按摩。
Wǒ xiǎng zuò jiǎodǐ ànmó.

TIP

재미로 보는 발 지압점

발 마사지를 받는데 유난히 아픈 곳이 있다면 아래 발 지압점 그림을 보고 자신의 상태를 체크해 보자!

① 머리 부위 토우뿌 头部 tóubù
② 코 비즈 鼻子 bízi
③ 목 징뿌 颈部 jǐngbù
④ 눈 옌징 眼睛 yǎnjing
⑤ 귀 얼두어 耳朵 ěrduo
⑥ 폐 페이 肺 fèi, 기관지 즈치관 支气管 zhīqìguǎn
⑦ 어깨 지엔방 肩膀 jiānbǎng
⑧ 위 웨이 胃 wèi
⑨ 간 깐짱 肝脏 gānzàng
⑩ 소장 시아오창 小肠 xiǎocháng

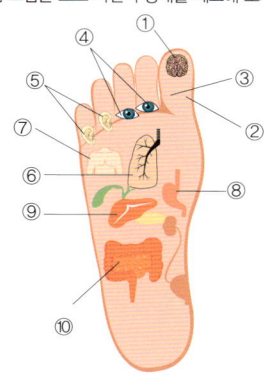

여행 가서 바로 쓰는 문장

이 근처에 마사지샵이 있나요?	쩌 푸진 요우 메이요우 안모띠엔? 这附近有没有按摩店? Zhè fùjìn yǒu méiyǒu ànmódiàn?
양말을 벗어 주세요.	칭 투어씨아 와즈. 请脱下袜子。 Qǐng tuōxià wàzi.
이 정도 세기는 괜찮으세요?	쩌거 리뚜 커이 마? 这个力度可以吗? Zhège lìdù kěyǐ ma?
좀 더 세게 해주세요.	칭 짜이 쫑 이디엔. 请再重一点。 Qǐng zài zhòng yìdiǎn.
아파요.	요우디알 텅. 有点儿疼。 Yǒudiǎnr téng.
거기는 하지 말아 주세요.	날 부용 안 러. 那儿不用按了。 Nàr búyòng àn le.

+PLUS
- 약하게 칭 (轻 qīng)

중국 볼거리 추천

경극(京劇)
청나라 중엽부터 내려오는 중국의 전통가극으로, 장국영 주연의 영화로도 유명한 '패왕별희(霸王別姬)'는 초(楚)나라 패왕(霸王) 항우(項羽)와 그의 애첩 우희(虞姬)의 사랑과 슬픈 이별을 소재로 한 대표적인 경극이다. 경극은 배우의 얼굴색, 발걸음, 손동작, 분장 등으로 나타내는 의미가 있으며 노래인 듯 대사를 읊는 듯 하는 중국어는 알아듣기에 어렵지만, 노래나 무용적인 동작, 화려한 액션 등만으로도 즐길 만한 볼거리이다.

나무 인형극, 목우희(木偶戏)
음악에 맞춰 노래를 부르며 나무 인형을 조정하는 전통 나무 인형극이다.

그림자 인형극, 피영극(皮影戏)
동물 가죽이나 종이로 인형을 만들어 조명을 비추어 공연하는 그림자 인형극이다.

잡기(杂技)
서커스의 일종으로 신체 기교를 통해 동작을 표현해 내는 예술 공연이다. 베이징에서는 '조양극장(朝阳剧场)', '천교극장(天桥剧场)' 등에서 관람할 수 있다.

★ **추천 공연**
- 대규모 극장 공연 : '금면왕조(金面王朝)', '송성천고정(宋城千古情)'
- 장예모(张艺谋) 감독의 인상(印象) 시리즈 : 인상 시리즈는 중국 소수민족의 삶과 애환, 전통을 노래하고 실제 산과 강, 호수를 무대로 삼은 대형 공연이다. 구이린(桂林)의 《인상 유삼저(印象-刘三姐)》가 가장 유명하며, 이 외에도 윈난(云南)의 《인상 리강(印象-丽江)》, 항저우(杭州)의 《인상 서호(印象-西湖)》 등이 있다.
- 소림사 무술 공연 : '쿵푸전기(功夫传奇)', 2004년 처음 공연되어 현재까지 공연되고 있으며, 베이징 '홍극장(红剧场)'에서 볼 수 있다.

Part 9
쇼핑할 때

쇼핑 관련 질문하기
옷 구매하기
신발 구매하기
슈퍼마켓에서
계산하기
교환 및 환불하기
중국 슈퍼마켓에서는 뭘 살까?

쇼핑 관련 질문하기

샤오미 매장은 몇 층이에요?

🎧 MP3 09-01

베이징, 상하이와 같은 대도시에서의 쇼핑은 우리나라와 별반 다르지 않다. 특히 쇼핑몰이나 백화점은 우리나라와 마찬가지로 세일 기간이 아니면 정찰제이기 때문에 가격 흥정은 이루어지지 않는다. 단, 외국 관광객을 상대로 하는 기념품 상점의 물건 가격은 실제 가격보다 매우 높게 책정되어 있어 부른 가격의 반 또는 심지어 80%까지 흥정해도 어렵지 않게 살 수 있다.

핵심 표현

시아오미 즈 지아 짜이 지 로우?

小米之家在几楼?

Xiǎomǐ zhī jiā zài jǐ lóu?

TIP

다양한 매장 미리보기

중국에 입점해 있는 해외 브랜드의 경우, 우리나라보다 값이 더 비싼 경우가 많다.

의류, 신발	나이커 耐克 Nàikè 나이키	아디다쓰 阿迪达斯 Ādídásī 아디다스	요우이쿠 优衣库 Yōuyīkù 유니클로	싸라 飒拉 Sàlā 자라
전자		화웨이 华为 Huáwéi 화웨이		핑구어 苹果 Píngguǒ 애플
잡화		밍츄앙 요우핀 名创优品 Míngchuàng yōupǐn 미니소	우인 리앙핀 无印良品 Wúyìn liángpǐn 무인양품	취천스 屈臣氏 Qūchénshì 왓슨스

여행 가서 바로 쓰는 문장

무엇을 도와 드릴까요?	요우 션머 쉬야오 빵망 더 마? 有什么需要帮忙的吗? Yǒu shénme xūyào bāngmáng de ma?
엘리베이터는 어디에 있죠?	띠엔티 짜이 날? 电梯在哪儿? Diàntī zài nǎr?
기념품을 찾고 있는데요.	워 시앙 마이 찌니엔핀. 我想买纪念品。 Wǒ xiǎng mǎi jìniànpǐn.
차(tea)는 어디서 살 수 있죠?	짜이 날 넝 마이따오 챠예? 在哪儿能买到茶叶? Zài nǎr néng mǎidào cháyè?
유모차를 빌릴 수 있나요?	커이 쭈 잉얼쳐 마? 可以租婴儿车吗? Kěyǐ zū yīng'érchē ma?
몇 시에 문을 여나요?	지 디엔 카이먼? 几点开门? Jǐ diǎn kāimén?

옷 구매하기
입어 봐도 돼요?

🎧 MP3 09-02

대도시의 쇼핑 핫플레이스를 살펴보면, 베이징에는 '왕푸징(王府井)'과 '싼리툰(三里屯)'이 있고, 상하이에는 '난징루(南京路)'와 '신천지(新天地)'가 있다. 이곳은 서울의 명동과 비슷한 쇼핑 명소로 백화점과 상점들이 모여 있어 쇼핑하기에 편리하다.

핵심 표현

커이 스스 마?
可以试试吗?
Kěyǐ shishi ma?

TIP 다양한 색깔

홍써	청써	황써	뤼써	란써	쯔써
红色	橙色	黄色	绿色	蓝色	紫色
hóngsè	chéngsè	huángsè	lǜsè	lánsè	zǐsè
빨간색	주황색	노란색	초록색	파란색	보라색

펀훙써	바이써	헤이써	후이써	미황써	쫑써
粉红色	白色	黑色	灰色	米黄色	棕色
fěnhóngsè	báisè	hēisè	huīsè	mǐhuángsè	zōngsè
분홍색	흰색	검은색	회색	베이지색	갈색

여행 가서 바로 쓰는 문장

원피스를 사려고 하는데요.	워 야오 마이 리엔이췬. 我要买连衣裙。 Wǒ yào mǎi liányīqún.	**+PLUS** ▫ 셔츠 천산 (衬衫 chènshān) ▫ 바지 쿠즈 (裤子 kùzi) ▫ 치마 췬즈 (裙子 qúnzi)

사이즈가 어떻게 되세요?	니 츄안 뚜어 따 츠마 더? 你穿多大尺码的? Nǐ chuān duō dà chǐmǎ de?

S 사이즈로 주세요.	워 츄안 시아오 하오 더. 我穿小号的。 Wǒ chuān xiǎo hào de.	**+PLUS** ▫ M 사이즈 쭝 하오 (中号 zhōng hào) ▫ L 사이즈 따 하오 (大号 dà hào)

탈의실은 어디예요?	스이지엔 짜이 날? 试衣间在哪儿? Shìyījiān zài nǎr?

너무 꽉 껴요.	타이 진 러. 太紧了。 Tài jǐn le.	**+PLUS** ▫ 크다 페이 (肥 féi) ▫ 길다 챵 (长 cháng) ▫ 짧다 두안 (短 duǎn) ▫ 딱 맞아요! 쩡 하오! (正好! Zhèng hǎo!)

다른 색 있나요?	요우 메이요우 비에 더 옌써 더? 有没有别的颜色的? Yǒu méiyǒu bié de yánsè de?

신발 구매하기

검은색 샌들 있나요?

🎧 MP3 09-03

많은 여행객이 중국에서 신발을 살 때 우리나라와는 다른 사이즈 표기 때문에 당황스러워 한다. 중국에서도 우리나라처럼 240mm, 250mm 등의 치수 표기를 사용하는 경우가 있지만, 36호, 37호 등의 호수로 표기하는 것이 더 보편적이다. 호수는 0호부터 시작하며, 0호는 50mm로 1호마다 5mm씩 더해진다.

핵심 표현

칭원, 요우 메이요우 헤이써 더 리앙시에?

请问, 有没有黑色的凉鞋?

Qǐngwèn, yǒu méiyǒu hēisè de liángxié?

TIP 다양한 신발

피시에
皮鞋
píxié
구두

까오껀시에
高跟鞋
gāogēnxié
하이힐

투어시에
拖鞋
tuōxié
슬리퍼

윈똥시에
运动鞋
yùndòngxié
운동화

피쉐에
皮靴
píxuē
부츠

핑디시에
平底鞋
píngdǐxié
플랫슈즈
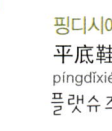

· 여행 가서 바로 쓰는 문장

사이즈가 어떻게 되세요?	닌 야오 뚜어 따 하오 더? 您要多大号的？ Nín yào duō dà hào de?	
37호요.	싼스치 하오. 37号。 Sānshíqī hào.	**+PLUS** □ 36호 = 230mm □ 37호 = 235mm □ 38호 = 240mm
앞쪽이 좀 껴요.	치엔미엔 요우디알 진. 前面有点儿紧。 Qiánmiàn yǒudiǎnr jǐn.	
굽이 너무 높네요.	시에껄 타이 까오 러. 鞋跟儿太高了。 Xiégēnr tài gāo le.	
저 신발 좀 보여 주세요.	게이 워 칸 이씨아 나 슈앙. 给我看一下那双。 Gěi wǒ kàn yíxià nà shuāng.	
어떤 게 더 나아요?	나거 껑 하오? 哪个更好？ Nǎge gèng hǎo?	

슈퍼마켓에서 : 망고 어떻게 팔아요?

🎧 MP3 09-04

외국에 나가서 시장에 가 보면 그 나라의 정취를 느낄 수 있는데, 요즘엔 시장보다는 깔끔하고 세련된 쇼핑몰을 선호하는 사람이 더 많다. 중국 시장에는 그곳 특유의 정겨움과 활기가 가득한데, 시장 사람들과 대화하거나 흥정하는 재미를 느낄 수 있다. 시장이 불편하다면, 까르푸(家乐福)나 따룬파(大润发) 등 대형 마트를 이용하면 된다. 우리나라에서 마트를 이용하던 것과 크게 다를 바가 없어 장보기가 쉽다.

핵심 표현

망구어 쩐머 마이?

芒果怎么卖?

Mángguǒ zěnme mài?

TIP 다양한 과일

중국에서 과일이나 야채, 육류 등은 모두 저울에 달아 근으로 판다. 예를 들어 계산원이 '两块五一斤(liǎng kuài wǔ yì jīn)'이라고 했다면, 1근(斤)에 2.5위안이란 뜻이다. 중국에서 1근은 500g이다. 못 알아 듣겠다면, 저울에 표시된 숫자를 보면 된다.

쥐즈
桔子
júzi
귤

시앙지아오
香蕉
xiāngjiāo
바나나

핑구어
苹果
píngguǒ
사과

하미꽈
哈密瓜
hāmiguā
하미과

차오메이
草莓
cǎoméi
딸기

뽀어루어
菠萝
bōluó
파인애플

중국에 가면 먹어 봐야 할 과일 중 하나이다.

여행 가서 바로 쓰는 문장

쇼핑 카트는 어디에 있어요?	꼬우우쳐 짜이 날? 购物车在哪儿? Gòuwùchē zài nǎr?
이 오렌지 달아요?	쩌 쳥즈 티엔 마? 这橙子甜吗? Zhè chéngzi tián ma?
맛봐도 되나요?	커이 챵 이씨아 마? 可以尝一下吗? Kěyǐ cháng yíxià ma?
껍질은 벗겨서 주세요.	빵 워 빠오 이씨아 피. 帮我剥一下皮。 Bāng wǒ bāo yíxià pí.
많이 사면 할인해 주나요?	마이 뚜어 디엔 커 뿌 커이 다져? 买多点可不可以打折? Mǎi duō diǎn kě bu kěyǐ dǎzhé?
덤으로 몇 개 더 주세요.	짜이 쏭 지 거 바. 再送几个吧。 Zài sòng jǐ ge ba.

+PLUS
파인애플과 같은 손질이 어려운 과일은 요청하면 껍질을 벗겨서 준다.

계산하기
좀 싸게 해 주세요.

🎧 MP3 09-05

중국 백화점이나 쇼핑몰은 정찰제 판매가 원칙이어서 가격을 깎을 경우 망신을 당할 수 있지만, 시장이나 기념품 가게 등에서는 가격 흥정을 해 볼 만하다. 특히 외국인이다 싶으면 가격을 마구 올려 부르는데, 부르는대로 값을 지불하는 실수를 지르지 말자. 흥정을 했음에도 불구하고 더 싼 값에 파는 곳도 있으므로 중국에서 물건을 구매할 때는 반드시 세 곳 이상의 가격을 비교해 본 뒤에 사는 것이 좋다.

핵심표현

피엔이 디알 바.

便宜点儿吧。

Piányi diǎnr ba.

TIP

중국의 할인 표기법

할인, 세일을 중국어로 '打折(dǎzhé)'라고 하는데, 숫자 뒤에 折를 붙여 할인율을 표시한다. 여기서 여행객들이 오해하게 되는데, 예를 들어 打7折는 '정가의 70% 가격에 판매한다'는 뜻이지 70% 할인은 아니다.

여행 가서 바로 쓰는 문장

이걸로 주세요.	워 야오 쩌거. 我要这个。 Wǒ yào zhège.
하나에 얼마예요?	이 거 뚜어샤오 치엔? 一个多少钱? Yí ge duōshao qián?
너무 비싼데, 30위안 어때요?	타이 꾸이 러, 싼스 콰이 쩐머양? 太贵了, 30块怎么样? Tài guì le, sānshí kuài zěnmeyàng?
지금 40% 할인 중입니다.	씨엔짜이 다 리우 져. 现在打6折。 Xiànzài dǎ liù zhé.
포장해 주세요.	칭 빠오쥬앙 이씨아. 请包装一下。 Qǐng bāozhuāng yíxià.
봉투 하나 더 주세요.	짜이 게이 워 이 거 따이즈. 再给我一个袋子。 Zài gěi wǒ yí ge dàizi.

교환 및 환불하기
반품하려고 하는데요.

🎧 MP3 09-06

쇼핑을 마치고 대부분 숙소에 돌아와서 구매했던 물건을 다시 살펴볼 것이다. 이때 물건에서 흠집이나 얼룩을 발견할 수 있으며, 전자제품의 경우에는 제대로 작동이 안 될 수도 있다. 이럴 경우 교환이나 환불을 해야 하는데, 한국과 마찬가지로 영수증이 필요하다. 계산 시 영수증을 꼭 받아두고, 교환이나 환불하러 갈 때 반드시 영수증을 지참하자.

핵심 표현

워 시앙 투이후어.
我想退货。
Wǒ xiǎng tuìhuò.

TIP

전자제품 A/S 받기

중국에서 전자제품을 구매할 때는 대형마트나 백화점에서 사는 것이 비교적 안전하다. 중국 국가 규정에 따라 소비자가 제품을 구입한 날부터 7일 이내에는 소비자의 요구에 따라 공급자는 환불, 교환, 수리를 하고 수리는 반드시 30일 이내에 완료해야 한다. 또한, 소비자는 A/S가 되는 곳에서 정품을 구입하고, 구입 영수증과 A/S 보증서를 반드시 챙겨두는 것이 좋다.

여행 가서 바로 쓰는 문장

이거 교환할 수 있나요?	쩌거 커이 환 마? 这个可以换吗? Zhège kěyǐ huàn ma?
무슨 문제가 있나요?	요우 션머 원티? 有什么问题? Yǒu shénme wèntí?
한 사이즈 작은 걸로 주세요.	칭 게이 워 환 이 거 시아오 이 마 더. 请给我换一个小一码的。 Qǐng gěi wǒ huàn yí ge xiǎo yì mǎ de.
이거 고장 났어요.	쩌거 화이 러. 这个坏了。 Zhège huài le.
언제 구입하셨습니까?	션머 스호우 마이 더? 什么时候买的? Shénme shíhou mǎi de?
영수증 가져오셨어요?	파이아오 따이 러 마? 发票带了吗? Fāpiào dài le ma?

CHINA CULTURE

* 중국 슈퍼마켓에서는 뭘 살까? *

전 세계 어느 나라로 여행을 가든지 그 나라의 슈퍼마켓에 가 보면 여행지 특유의 분위기를 느낄 수 있다. 시간적인 여유가 있다면 숙소 근처에 있는 슈퍼마켓에 들러 귀국 선물을 장만해 보자.

● **달리(DARLIE) 치약**
중국어로는 '黑人牙膏(흑인치약)'이라고 하며 치약 향의 종류도 정말 다양하다. 가성비가 좋고 미백 효과가 있다고 알려져 인기가 많다.

● **모기약**
육신화로수(六神花露水), 바르면 모기도 쫓고 가려움도 없애 주며, 정신도 맑게 한다는 상큼한 향기의 약이다.

치약은 기내 반입 금지 품목 중 하나이다.

중국 하면 역시 음식!.
마트에서도 단연 음식이 가장 눈에 띈다.

● **캉스푸3+2**
네모난 크래커 3개 사이사이에 갖가지 맛의 크림이 들어 있는 '康师傅3+2苏打夹心饼干'과 동그란 과자 3개 사이에 역시 여러 가지 맛의 크림이 들어 있는 '康师傅3+2酥松夹心饼干'이 있다.

● **쉬푸지(徐福记)의 사치마(沙琪玛)**
'사치마'는 만주어로 달고 부드러운 강정 같은 중국 전통 과자의 한 종류이다. 쉬푸지의 사치마가 유명한데, 쉬푸지에서는 과자 외에도 사탕 종류의 중국 전통 주전부리 제품을 만들어 판매한다.

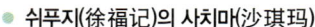

> 한국에서 맛볼 수 없는 과일맛 오레오!

오레오(奥利奥 Oreo)와 레이즈(乐事 Lay's) 과자 제품은 우리나라에서도 살 수 있지만, 중국 슈퍼마켓에서는 우리나라에 없는 다양한 맛의 쿠키와 감자칩을 만날 수 있다.

이외에도 파오바 샤오추이(泡吧小脆), 바이차오웨이 에쓰치우(百草味椰丝球), 하오츠디엔(好吃点) 등이 우리 입맛에 맞는 과자들이다.

● **캉스푸(康师傅)의 홍샤오 소고기라면(红烧牛肉面)**
중국의 대표 컵라면 중의 하나로 중국식 컵라면을 맛보고 싶다면 추천한다.

● **쌍후이(双汇)의 옥수수소시지(玉米热狗肠)**
전자레인지에 살짝 돌려 시원한 맥주와 같이 먹으면 꿀맛이다.

이 밖에도 여행 간 지역에서만 생산되는 술을 사거나, 다양한 조미료와 샤브샤브 양념장 등을 구매해 와도 좋다.

슈퍼마켓 물건 이외에도 손으로 빚은 점토 인형을 파는 창예무한(创艺无限)과 다양한 차를 예쁜 상자에 포장해서 파는 차방(茶房)도 중국 여행에서 꼭 들러 쇼핑리스트를 채울 장소이다.

Part 10
긴급 상황에서

분실 및 도난 사고 당했을 때
아프거나 다쳤을 때
교통사고 났을 때
#중국 브랜드 차(茶) 전문점

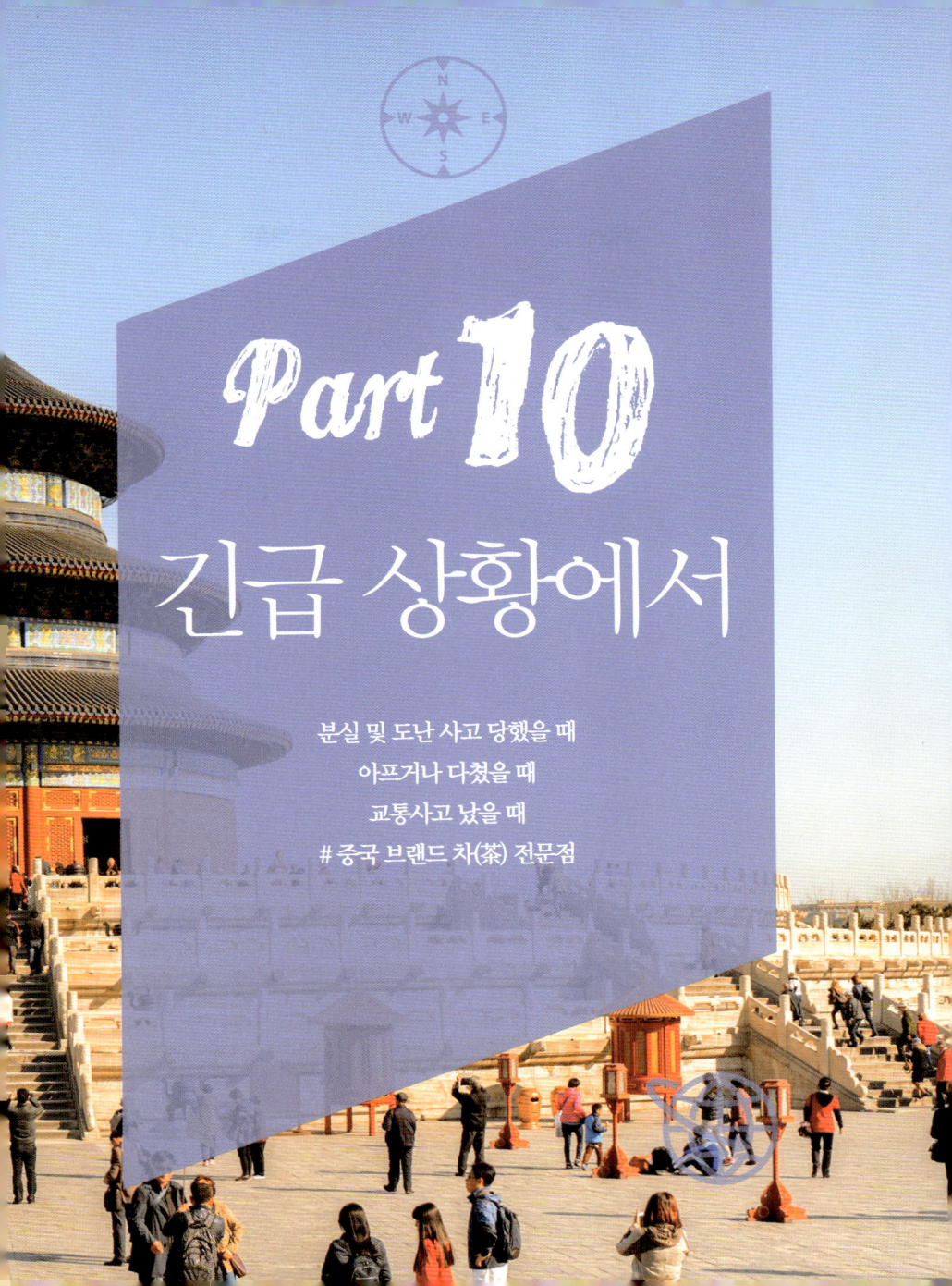

분실 및 도난 사고 당했을 때
가방을 도둑맞았어요.

🎧 MP3 10-01

어느 나라를 여행해도 마찬가지지만 특히 중국에서는 소지품 분실을 주의해야 하는데, 잃어버리면 다시 찾기가 매우 어렵기 때문이다. 여권은 분실 시 재발급을 받아야 하므로 여행 전 여권 앞면 복사본과 여권용 사진 2장을 별도 챙겨 가는 것이 좋다. 카드는 잃어버린 즉시 분실신고를 해야 한다. 여행자 보험에 가입한 경우 귀중품 분실 시 부분적으로 보상을 받을 수 있는데, 중국 경찰서(公安局; 공안국)에서 도난 증명서를 발급 받아야 한다.

핵심 표현

워 더 빠오 뻬이 토우 러.
我的包被偷了。
Wǒ de bāo bèi tōu le.

TIP

여권을 분실했을 때

만일 여권을 잃어버렸다면 곧바로 중국 주재 한국 대사관이나 총영사관에 전화해서 상황을 설명하고 수속을 밟아야 한다. 그리고 다른 사람이 여권을 도용하는 사건을 방지하기 위해, 되도록이면 여권 분실 24시간 이내 경찰서(공안국)에 신고하도록 하자.

❶ 분실 지역 관할 공안국 신고 및 접수증(回执单) 발급/수령
❷ 접수증을 가지고 분실 지역 관할 공안국 출입경관리처(市公安局出入境管理处)에 신고 후 여권분실증명서(护照报失证明) 발급/수령
❸ 여권분실증명서를 가지고 중국 내 한국 대사관 또는 영사관에서 여권 재발급 신청
  → 신청 서류 : 여권재발급 신청서 및 여권분실경위서 작성/제출, 여권용 사진 2매, 신분증, 중국 공안국 발행 여권분실증명서
❹ 여권을 가지고 중국 공안국 출입경관리처에서 비자 신청
  ※필요한 구비 서류는 주 중국 대한민국 대사관 사이트에 들어가면 자세히 나와 있다.

여행 가서 바로 쓰는 문장

가방 안에 현금, 신용카드, 여권이 들어 있어요.	빠오 리 요우 씨엔찐, 씬용카, 후짜오. 包里有现金、信用卡、护照。 Bāo li yǒu xiànjīn、xìnyòngkǎ、hùzhào.
휴대 전화를 잃어버렸어요.	워 더 쇼우지 띠우 러. 我的手机丢了。 Wǒ de shǒujī diū le.
어디에서 잃어버리셨나요?	짜이 날 띠우 더? 在哪儿丢的? Zài nǎr diū de?
어디에서 잃어버렸는지 모르겠어요.	워 뿌 즈따오 띠우 짜이 날 러. 我不知道丢在哪儿了。 Wǒ bù zhīdào diū zài nǎr le.
분실신고서를 작성해 주세요.	칭 티엔 이씨아 빠오스비아오. 请填一下《报失表》。 Qǐng tián yíxià bàoshībiǎo.
찾으면 바로 연락 주세요.	루구어 쟈오따오 더화, 마쌍 게이 워 다 띠엔화, 하오 마? 如果找到的话，马上给我打电话，好吗? Rúguǒ zhǎodào dehuà, mǎshàng gěi wǒ dǎ diànhuà, hǎo ma?

아프거나 다쳤을 때

배탈이 났어요.

🎧 MP3 10-02

해외여행을 갈 때는 상비약을 챙기는 것이 좋다. 약국이나 병원에서 의사소통이 어려울 뿐만 아니라 증상에 맞는 약을 구하기가 쉽지 않기 때문이다. 평소에 복용하는 약이 있다면 챙기고 기본적으로 설사약, 진통제, 소화제, 1회용 밴드 및 소독약 등도 준비해 두면 좋다. 가벼운 감기에 걸렸거나 중국에 가면 기름진 음식 때문에 자주 발생하는 배탈, 설사 등은 굳이 병원에 가지 않아도 약국에서 해결할 수 있으므로 아래 핵심 표현을 잘 익혀두자.

핵심 표현

워 츠화이 뚜즈 러.

我吃坏肚子了。

Wǒ chīhuài dùzi le.

TIP

병원 이용하기

중국에서 병원을 이용할 때는 영어가 통하는 병원을 가거나 한국인 의사가 있는 병원을 찾는 것이 좋다. 수술을 해야 하거나 긴급한 상황이라면 전문통역사의 도움을 받아 종합병원을 찾는 것이 가장 바람직하다.

❶ 접수처에서 진료기록카드(病历本) 구입 후, 접수(挂号) ※접수할 때는 여권 필요!
❷ 접수 시 진료과목과 진찰할 의사 선택
❸ 순서가 호명되면 진찰 받기
❹ 의사가 작성한 처방전을 받은 후, 접수처로 가서 진료비 계산 및 약 처방전 받기
❺ 병원 내 약국에 가서 약 처방 받기

※ 어디가 어딘지 헷갈릴 땐 안내데스크인 '综合服务台(zōnghé fúwùtái)'에 물어보기!
※ 외교부 해외안전여행(www.0404.go.kr) 사이트에 들어가면 의료기관 연락처가 지역별로 잘 소개되어 있다.

여행 가서 바로 쓰는 문장

어디가 불편하세요?	니 날 뿌 슈푸? 你哪儿不舒服? Nǐ nǎr bù shūfu?

설사를 해요.	워 라 뚜즈. 我拉肚子。 Wǒ lā dùzi.	**+PLUS** □ 콧물이 나다 리우 비티 　(流鼻涕 liú bítì) □ 열이 나다 파샤오 　(发烧 fāshāo) □ 속이 메스껍다 어신 (恶心 ěxīn)

여기가 아파요.	쩔 텅. 这儿疼。 Zhèr téng.

아마 체한 것 같아요.	하오씨앙 스 시아오화 뿌리앙. 好像是消化不良。 Hǎoxiàng shì xiāohuà bùliáng.

하루에 몇 번 먹어요?	이 티엔 츠 지 츠? 一天吃几次? Yì tiān chī jǐ cì?

하루에 세 번, 식후에 한 알씩 드세요.	이 티엔 츠 싼 츠, 판 호우 츠 이 피엔. 一天吃三次，饭后吃一片。 Yì tiān chī sān cì, fàn hòu chī yí piàn.

교통사고 났을 때
구급차 좀 빨리 불러 주세요!

🎧 MP3 10-03

큰 사고가 발생하면 즉시 구급차를 불러 병원으로 가야 하나, 정도가 아주 심하지 않은 경우에는 먼저 경찰서(공안국)에 신고하는 것이 좋다. 만일의 상황에 대비해 여행 전 보험에 가입해 두는 것도 좋은 방법이다.

핵심 표현

칭 콰이 찌아오 찌우후쳐 라이.
请快叫救护车来。
Qǐng kuài jiào jiùhùchē lái.

TIP

중국 내 긴급 연락처
- 중국 공안(경찰) 신고 : 110
- 교통사고 신고 : 122
- 구급차 : 120
- 화재 신고 : 119
- 전화번호 문의 : 114
- 주 중국 대한민국 대사관 : +86-10-8531-0700 / +86-186-1173-0089
- 주 상하이 대한민국 총영사관 : +86-21-6295-5000 / +86-138-1650-9503(4)
- 주 광저우 대한민국 총영사관 : +86-20-2919-2999 / +86-139-2247-3457
- 주 칭다오 대한민국 총영사관 : +86-532-8897-6001 / +86-186-6026-5087
- 주 시안 대한민국 총영사관 : +86-29-8835-1001 / +86-187-1091-0838
- 영사콜센터 : +82-2-3210-0404(연중무휴, 24시간 상담)

여행 가서 바로 쓰는 문장

사람 살려!	찌우밍 아! 救命啊! Jiùmìng a!
경찰 좀 불러 주세요!	칭 콰이 찌아오 징챠 라이! 请快叫警察来! Qǐng kuài jiào jǐngchá lái!
교통사고가 났어요.	파성 러 지아오통 스꾸 러. 发生了交通事故了。 Fāshēng le jiāotōng shìgù le.
제 친구가 다쳤어요.	워 펑요우 쇼우샹 러. 我朋友受伤了。 Wǒ péngyou shòushāng le.
차에 치였어요.	뻬이 쳐 쮸앙 러. 被车撞了。 Bèi chē zhuàng le.
못 움직이겠어요.	워 똥부리아오 러. 我动不了了。 Wǒ dòngbuliǎo le.

중국 브랜드 차(茶) 전문점

중국에는 정말 다양한 종류의 차 전문점이 있는데, 특히 밀크티와 같은 음료는 중국 10대들에게 인기가 좋다.

● 희차(喜茶 HEYTEA)
2012년 광둥에서 시작한 밀크티 회사로 치즈와 천연 차 향을 결합한 밀크티로 유명하다. 2017년 상하이, 항저우, 베이징, 쑤저우, 난징 등 대도시에도 점포를 개설했다.

● 코코(COCO都可茶饮)
1997년 타이완에서 시작되어 2007년 중국에 진출, 현재 전 세계적으로 2,000여 개의 영업점을 가진 밀크티 체인점이다.

많은 사람이 잘 모르는 메뉴인 캐러멜 밀크티(焦糖奶茶) 강추!

● 왕즈라차(王子拉茶)
2013년 광저우에서 설립하여 말레이시아의 전통 차 음료와 건강 간식을 판매한다.

● 이디엔디엔(一点点)
타이완에서 1997년 설립한 브랜드로 다양한 종류의 토핑과 밀크티를 판매한다. 저렴한 가격으로 중국 사람들에게 인기가 많은데, 중국에 가면 길게 줄을 선 광경을 자주 목격할 수 있다.

- **해피레몬(快乐柠檬)**
1992년 타이완에서 설립한 브랜드로 신선한 차를 베이스로 한 다양한 종류의 밀크티와 레몬차, 커피 등을 판매한다.

> 중국뿐만 아니라 우리나라에도 진출했기 때문에 가까이서 맛볼 수 있다!

- **전통 차 '우위타이(吴裕泰)'**
1887년 개업 후, 중국 전역에 차 전문점을 운영하고 있으며 오래된 역사를 인정받아 베이징의 라오쯔하오(老字号; 대대로 내려 오는 전통 있는 가게) 중의 하나이다. 찻잎은 물론 찻잔과 찻주전자도 판매하고 있으며 다양한 허브차와 차를 이용한 식품과 아이스크림, 음료를 개발하여 판매하고 있다.

이외에도 중국 브랜드 커피 전문점이 있는데, 85도씨(85度C)는 2003년 타이완에서 설립한 커피, 베이커리 전문점으로 85℃일 때 커피 맛이 가장 맛있는 온도라고 하여 붙여진 이름이다.

> 짠맛이 나는 커피(海岩咖啡)가 유명하다.

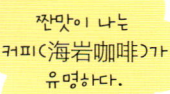

항공권 예약하기
비행기 표를 예약하려고 하는데요.

MP3 11-01

해외여행을 갈 때는 일반적으로 왕복항공권을 구매하는데, 간혹 장기간 여행을 갈 때는 편도를 끊거나 돌아오는 항공편을 오픈티켓으로 가는 경우가 있다. 오픈티켓은 출국하기 2주일 전에 날짜를 결정해 해당 항공사에 출국일을 예약해야 한다. 이때 항공사나 여행사에 전화를 걸거나 직접 방문하여 아래 핵심 표현으로 자신 있게 항공권을 예약해 보자.

핵심 표현

워 시앙 띵 지피아오.
我想订机票。
Wǒ xiǎng dìng jīpiào.

TIP

비행기 표 구입 시 주의 사항

비행기 표를 구입할 때 영문 이름을 사용하는데, 여권상의 영문 표기와 동일해야 한다. 간혹 이 사실을 공항에 도착해 발견하는 경우가 있는데, 영문 이름이 잘못 기재되었거나 여권번호가 틀린 경우에는 출국할 수 없을 수도 있으므로 다시 한번 주의하자.

Check! Check!
☑ 항공권 영문 이름 표기와 본인 여권의 표기가 같은지 확인하기!
☐ 여권번호를 맞게 썼는지 다시 한번 확인하기!
☐ 출발 날짜와 비행기 편명도 미리 확인하기!

여행 가서 바로 쓰는 문장

비행기 표 예약하시겠습니까?
닌 야오 띵 지피아오 마?
您要订机票吗?
Nín yào dìng jīpiào ma?

한국 인천으로 가는 비행기 표를 예약하려고 하는데요.
워 시앙 띵 이 장 취 한구어 런츄안 더 지피아오.
我想订一张去韩国仁川的机票。
Wǒ xiǎng dìng yì zhāng qù Hánguó Rénchuān de jīpiào.

언제 출발하는 표를 원하시나요?
야오 띵 나 티엔 더 피아오?
要订哪天的票?
Yào dìng nǎ tiān de piào?

다음 주 수요일에 출발하는 편도 표요.
씨아 거 싱치싼 츄파 더 딴청 지피아오.
下个星期三出发的单程机票。
Xià ge xīngqīsān chūfā de dānchéng jīpiào.

+PLUS
□ 왕복 왕판
(往返 wǎngfǎn)

죄송합니다. 수요일에는 좌석이 없네요.
뿌 하오이쓰. 씨아 싱치싼 메이요우 쭈어웨이 러.
不好意思, 下星期三没有座位了。
Bù hǎoyìsi, xià xīngqīsān méiyǒu zuòwèi le.

어느 편이 가장 싼가요?
나 거 항빤 쭈이 피엔이?
哪个航班最便宜?
Nǎ ge hángbān zuì piányi?

항공권 예약 변경하기
항공편을 변경하고 싶어요.

🎧 MP3 11-02

여행을 갈 때 대부분은 돌아오는 표를 예약하고 가지만 갑자기 일이 생기거나 혹은 좀 더 머물고 싶어 비행기 표 예약을 변경해야 하는 경우가 있다. 한국에서 여행사를 통해 예약하고 발권한 경우에는 그 여행사의 한국 전화번호나 해당 국가의 지점으로 연락하면 된다. 항공사에서 직접 예약하고 발권한 경우에는 해당 국가에 있는 항공사 서비스센터(예약센터)에 연락하여 예약을 변경할 수 있다. 단, 구매한 항공권에 따라 변경이 불가능하기도 하며, 변경 시 추가 요금을 지불해야 할 경우도 있다.

핵심 표현

워 시앙 껑가이 이씨아 항빤.
我想更改一下航班。
Wǒ xiǎng gēnggǎi yíxià hángbān.

TIP

중국 내 항공사 서비스센터 연락처

우리나라 항공사는 중국 내 어느 지역에서나 동일한 번호로 연락 가능한 서비스센터가 있는데, 중국어 외에 영어, 한국어 서비스도 제공되므로 긴장하지 말고 편하게 전화를 걸어도 된다.

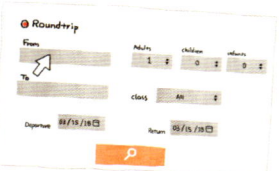

- 대한항공 40065-88888
- 아시아나 400-650-8000
- 중국남방항공 4006695539-2-4-1
- 중국동방항공 95530

여행 가서 바로 쓰는 문장

어떻게 바꾸시겠습니까?	닌 시앙 쩐머 가이? 您想怎么改？ Nín xiǎng zěnme gǎi?
하루 늦게 출발하고 싶어요.	워 시앙 투이츠 이 티엔 츄파. 我想推迟一天出发。 Wǒ xiǎng tuīchí yì tiān chūfā.
출발 일을 8월 8일로 바꾸고 싶어요.	워 시앙 바 츄파 르치 가이따오 빠 위에 빠 하오. 我想把出发日期改到8月8号。 Wǒ xiǎng bǎ chūfā rìqī gǎidào bā yuè bā hào.
먼저 좌석이 있는지 알아 보겠습니다.	워 시엔 빵 닌 챠 이씨아 나 티엔 요우 메이요우 피아오. 我先帮您查一下那天有没有票。 Wǒ xiān bāng nín chá yíxià nà tiān yǒu méiyǒu piào.
예약을 취소하고 싶은데요.	워 시앙 투이 지피아오. 我想退机票。 Wǒ xiǎng tuì jīpiào.
예약을 취소하면 수수료를 내야 하나요?	투이피아오 쉬야오 푸 쇼우쉬페이 마? 退票需要付手续费吗？ Tuìpiào xūyào fù shǒuxùfèi ma?

탑승 수속하기

이 물건들을 비행기에 가지고 탈 수 있나요? 🎧MP3 11-03

전 세계 모든 공항이 그렇겠지만, 비행기 탑승 전에 여행객이 소지하는 짐과 물품에 대한 규정이 매우 엄격하고 까다롭다. 가장 좋은 방법은 관련 자료를 통해 공항 수하물 규정을 사전에 익히고 규정에 어긋나지 않도록 짐을 잘 정리하여 공항으로 이동하는 것이다. 간혹 이런 규정을 잘 몰라 탑승 수속이 지연되거나 탑승이 거부되기도 한다. 비행기 탑승 전까지 어떤 일이 발생할지 모르니 공항에는 출발 최소 2시간 전에 미리 도착하자.

핵심 표현

쩌시에 똥시 넝 따이쌍 페이지 마?

这些东西能带上飞机吗?

Zhèxiē dōngxi néng dàishàng fēijī ma?

TIP

※ 중국 공항에서 출국 절차

*이용할 항공사가 있는 터미널에 내린다.

공항 도착 … **항공사 탑승 수속** … **검역 검사** … **출국 심사** … **탑승구 도착, 탑승 대기**

*항공권과 여권, 입국 시 작성한 출국 카드 (外国人出境卡)를 보여준다.

… **비행기 탑승**

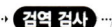

여행 가서 바로 쓰는 문장

일행이십니까?	니먼 스 이치 더 마? 你们是一起的吗? Nǐmen shì yìqǐ de ma?
네, 일행입니다.	스, 워먼 스 이치 더. 是，我们是一起的。 Shì, wǒmen shì yìqǐ de.
복도 쪽 좌석으로 주세요.	워 야오 카오 퉁따오 더 쭈어웨이. 我要靠通道的座位。 Wǒ yào kào tōngdào de zuòwèi.
짐을 위에 올려 주세요.	칭 바 싱리 팡따오 쌍비엔. 请把行李放到上边。 Qǐng bǎ xíngli fàngdào shàngbian.
짐은 몇 개 부칠 수 있나요?	커이 투어윈 지 찌엔 싱리? 可以托运几件行李? Kěyǐ tuōyùn jǐ jiàn xíngli?
짐이 3kg 중량 초과입니다.	닌 더 싱리 챠오쫑 러 싼 꽁찐. 您的行李超重了3公斤。 Nín de xíngli chāozhòng le sān gōngjīn.

탑승 지연 및 비행기를 놓쳤을 때
도대체 언제 탑승을 시작하나요?

🎧 MP3 11-04

중국의 명절 기간이나 휴가철 등 사람들이 공항에 많이 몰리는 시기에는 항공관제, 몇몇 승객의 미탑승 등 다양한 이유로 탑승과 이륙이 지연되는 경우가 자주 발생한다. 또한, 기상 악화로 인해 비행기 자체가 결항되거나 출발 시간을 착각해 비행기를 놓치는 사람도 의외로 많다. 이럴 경우에는 대체 항공편을 빠르게 찾아야 하는데, 원래 구매했던 항공권의 카운터에 문의하거나, 표가 없을 경우에는 다른 항공권 예약사이트를 통해 다시 비행기 표를 예약하는 방법이 있다.

핵심 표현

따오디 션머 스호우 카이스 떵지?
到底什么时候开始登机?
Dàodǐ shénme shíhou kāishǐ dēngjī?

TIP

단어로 보는 항공편 지연 및 결항

공항에서는 자주 안내 방송이 나오는데, 아래 단어를 미리 알고 가면 항공편 지연 방송인지 또는 결항에 대한 내용인지 추측할 수 있다.

- 기계 고장　　　　　　지씨에 꾸짱 机械故障 jīxiè gùzhàng
- 오늘 비행 취소　　　　취시아오 찐르 페이싱 取消今日飞行 qǔxiāo jīnrì fēixíng
- 대체 항공편　　　　　부빤 补班 bǔbān
- 무료 숙식 제공　　　　티꽁 미엔페이 스쑤 提供免费食宿 tígōng miǎnfèi shísù
- 기상 악화　　　　　　티엔치 어리에 天气恶劣 tiānqì èliè
- 정시에 출발할 수 없습니다　뿌넝 안스 치페이 不能按时起飞 bùnéng ànshí qǐfēi
- 지연되다　　　　　　　투이츠 推迟 tuīchí
- 대합실　　　　　　　　호우지팅 候机厅 hòujītīng

※ **출발 지연 안내 방송 예시**

前往首尔的旅客请注意，我们抱歉地通知您，由于<u>天气恶劣</u>，您乘坐的CA航班<u>不能按时起飞</u>，起飞时间预计推迟到17：50，请您在候机厅休息，登机时我们将广播通知。谢谢！

기상 악화로 출발이 지연되었음을 알 수 있다.

여행 가서 바로 쓰는 문장

지금부터 탑승 수속을 시작하겠습니다.	씨엔짜이 카이스 떵지 러. 现在开始登机了。 Xiànzài kāishǐ dēngjī le.
비행기가 왜 아직 이륙을 안 하는 거죠?	페이지 웨이션머 뿌 치페이 너? 飞机为什么不起飞呢? Fēijī wèishéme bù qǐfēi ne?
현재 항공관제탑의 이륙 허가를 기다리는 중입니다.	워먼 쩡짜이 덩따이 항콩 관쯔 더 밍링. 我们正在等待航空管制的命令。 Wǒmen zhèngzài děngdài hángkōng guǎnzhì de mìnglìng.
비행기를 놓쳤는데, 다음 편에 자리가 있나요?	워 메이 간쌍 페이지, 씨아 이 빤 페이지 요우 쭈어 마? 我没赶上飞机, 下一班飞机有座吗? Wǒ méi gǎnshàng fēijī. Xià yì bān fēijī yǒu zuò ma?
방법을 찾아 주실 수 있나요?	넝 뿌 넝 시앙 거 빤파? 能不能想个办法? Néng bu néng xiǎng ge bànfǎ?
공항 내에 호텔이 있습니까?	지챵 리 요우 메이요우 삔관? 机场里有没有宾馆? Jīchǎng li yǒu meiyǒu bīnguǎn?

Part 11 귀국할 때

※ 중국 본토 프랜차이즈 음식점 ※

중국으로 여행을 간 김에 중국 본토 프랜차이즈 음식점을 이용해 보는 것도 재미있는 추억이 될 수 있다.

간판에 이소룡 그림이 그려져 있어 쉽게 찾을 수 있다.

● **진공부(真功夫)**
광둥에서 시작한 브랜드로 아침부터 저녁 늦게까지 간편하고 담백한 중국식 음식을 판매한다.

● **영화대왕(永和大王)**
상하이에서 시작한 브랜드로 중국인들은 아침에 가서 '유탸오(油条)'와 '더우장(豆浆, 중국식 두유)'을 주로 먹는다. 덮밥과 국수의 종류도 다양해 중국 사람들에게 인기가 많다.

- **와이포지아(外婆家)**

'와이포지아'는 '외할머니 집'이라는 뜻을 가진 중국 가정식 레스토랑이다. 중국 대부분의 도시에서 만나볼 수 있고, 가격이 저렴하고 맛있어 인기가 좋다. 한국 사람들이 좋아하는 메뉴로는 동파육(东坡肉), 마파두부(麻婆豆腐), 마늘당면새우(蒜蓉粉丝虾), 땅콩빙수(花生冰沙) 등이 있다.

- **이선생(李先生)**

중국의 면 요리 체인점으로 니우러우미엔(牛肉面, 소고기면)이 가장 인기 있는 대표 메뉴이다.

이 외에도 면점왕(面点王), 더커스(德克士, Dicos) 등의 프랜차이즈 음식점이 있다.

Part 12
기본 표현

인사하기
자기소개하기
숫자
화폐
시간

기본 표현: 인사하기

니 하오!
你好!
Nǐ hǎo!
안녕하세요!

니먼 하오!
你们好!
Nǐmen hǎo!
여러분, 안녕하세요!

닌 하오!
您好!
Nín hǎo!
안녕하세요(공손한 표현)!

따지아 하오!
大家好!
Dàjiā hǎo!
여러분, 안녕하세요!

짜이찌엔.
再见。
Zàijiàn.
잘 가요(헤어질 때).

씨아 츠 찌엔.
下次见。
Xià cì jiàn.
다음에 만나요.

바이바이.
拜拜。
Báibái.
바이바이(Bye-bye)

짜오샹 하오!
早上好!
Zǎoshang hǎo!
아침 인사

쭝우 하오!
中午好!
Zhōngwǔ hǎo!
점심 인사

완샹 하오!
晚上好!
Wǎnshang hǎo!
저녁 인사

니 쩐머양?
你怎么样?
Nǐ zěnmeyàng?

어떻게 지내요?

헌 하오.
很好。
Hěn hǎo.

좋아요.

하이 하오.
还好。
Hái hǎo.

괜찮은 편이에요.

씨에시에.
谢谢。
Xièxie.

감사합니다.

부 커치.
不客气。
Bú kèqi.

천만에요.

뚜이부치.
对不起。
Duìbuqǐ.

미안합니다.

메이 꽌시.
没关系。
Méi guānxi.

괜찮습니다.

메이 셜.
没事儿。
Méi shìr.

괜찮습니다.

Part 12 기본 표현

기본 표현: 자기소개하기

니 찌아오 션머 밍쯔?
你叫什么名字?
Nǐ jiào shénme míngzi?
이름이 뭐예요?

워 찌아오 위 시아오꽝.
我叫于晓光。
Wǒ jiào Yú Xiǎoguāng.
제 이름은 우효광입니다.

런스 니 헌 까오씽.
认识你很高兴。
Rènshi nǐ hěn gāoxìng.
만나서 반갑습니다.

칭 뚸어 꽌쨔오.
请多关照。
Qǐng duō guānzhào.
잘 부탁드려요.

니 쭈어 션머 꽁쭈어?
你做什么工作?
Nǐ zuò shénme gōngzuò?
무슨 일을 하세요?

■ 입니다.
워 스 ~.
我是 ■ 。
Wǒ shì ~.

쉬에셩	꽁쓰 즈위엔
学生	公司职员
xuésheng	gōngsī zhíyuán
학생	회사원

지아팅 쥬푸	라오스	찌져	츄스
家庭主妇	老师	记者	厨师
jiātíng zhǔfù	lǎoshī	jìzhě	chúshī
가정주부	교사	기자	요리사

니 스 나 구어 런?
你是哪国人?
Nǐ shì nǎ guórén?

당신은 어느 나라 사람이에요?

니 총 날 라이?
你从哪儿来?
Nǐ cóng nǎr lái?

어디에서 오셨어요?

워 스 한구어런.
我是韩国人。
Wǒ shì Hánguórén.

저는 한국인입니다.

워 총 한구어 쇼우얼 라이.
我从韩国首尔来。
Wǒ cóng Hánguó Shǒu'ěr lái.

저는 한국 서울에서 왔습니다.

한구어
韩国
Hánguó

한국

쯍구어
中国
Zhōngguó

중국

메이구어
美国
Měiguó

미국

잉구어
英国
Yīngguó

영국

쇼우얼
首尔
Shǒu'ěr

서울

베이징
北京
Běijīng

베이징

화성뚠
华盛顿
Huáshèngdùn

워싱턴

룬뚠
伦敦
Lúndūn

런던

기본 표현 숫자

| 링 0 零 líng | 이 1 一 yī | 얼 2 二 èr | 싼 3 三 sān | 쓰 4 四 sì | 우 5 五 wǔ |

| 리우 6 六 liù | 치 7 七 qī | 빠 8 八 bā | 지우 9 九 jiǔ | 스 10 十 shí | 스이 11 十一 shíyī |

| 스얼 12 十二 shí'èr | 스싼 13 十三 shísān | 스쓰 14 十四 shísì | 스우 15 十五 shíwǔ | 스리우 16 十六 shíliù | 스치 17 十七 shíqī |

| 스빠 18 十八 shíbā | 스지우 19 十九 shíjiǔ | 얼스 20 二十 èrshí | 싼스 30 三十 sānshí | 쓰스 40 四十 sìshí | 우스 50 五十 wǔshí |

| 리우스
60
六十
liùshí | 치스
70
七十
qīshí | 빠스
80
八十
bāshí | 지우스
90
九十
jiǔshí | 이바이
100
一百
yìbǎi | 이치엔
1000
一千
yìqiān |

● 손 모양 숫자 표현

> 중국에서는 자주 손 모양으로 숫자를 나타낸다.

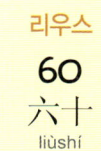
1

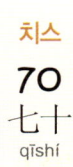
2

3

4

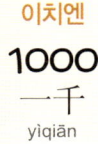
5

6 7 8 9 10

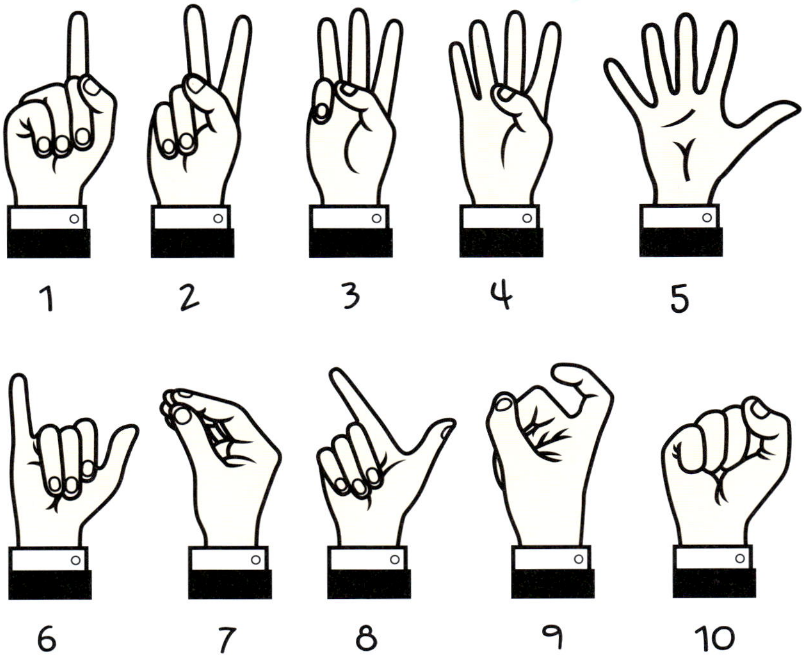

기본 표현 — 화폐

중국의 화폐는 인민폐(人民币)라고 부르며, 1元, 5元, 10元, 20元, 50元, 100元 지폐와 1角, 5角, 1元 동전이 있다.

● 인민폐(人民币)

이 위엔
一元
yì yuán
1위안

우 위엔
五元
wǔ yuán
5위안

스 위엔
十元
shí yuán
10위안

얼스 위엔
二十元
èrshí yuán
20위안

우스 위엔
五十元
wǔshí yuán
50위안

이바이 위엔
一百元
yìbǎi yuán
100위안

● 중국의 화폐 단위 ★ 1元 = 10角 = 100分

구어체	콰이 块 kuài	마오 毛 máo	펀 分 fēn
문어체	위엔 元 yuán	지아오 角 jiǎo	펀 分 fēn

회화에서는 주로 元 대신 块를 角 대신 毛를 사용한다.

기본 표현 시간

MP3 12-05

우스 펀
五十分
wǔshí fēn
50분

우스우 펀
五十五分
wǔshíwǔ fēn
55분

리우스 펀
六十分
liùshí fēn
60분

우 펀
五分
wǔ fēn
5분

스 펀
十分
shí fēn
10분

스 디엔
十点
shí diǎn
10시

스이 디엔
十一点
shíyī diǎn
11시

스얼 디엔
十二点
shí'èr diǎn
12시

이 디엔
一点
yī diǎn
1시

리앙 디엔
两点
liǎng diǎn
2시

쓰스우 펀
四十五分
sìshíwǔ fēn
45분

지우 디엔
九点
jiǔ diǎn
9시

싼 디엔
三点
sān diǎn
3시

스우 펀
十五分
shíwǔ fēn
15분

빠 디엔
八点
bā diǎn
8시

치 디엔
七点
qī diǎn
7시

리우 디엔
六点
liù diǎn
6시

우 디엔
五点
wǔ diǎn
5시

쓰 디엔
四点
sì diǎn
4시

쓰스 펀
四十分
sìshí fēn
40분

싼스우 펀
三十五分
sānshíwǔ fēn
35분

싼스 펀=빤
三十分=半
sānshí fēn=bàn
30분

얼스우 펀
二十五分
èrshíwǔ fēn
25분

얼스 펀
二十分
èrshí fēn
20분

Part 12 기본 표현

인용 자료

Part 1
https://www.sutterstock.com　　　　　　　　　　　　p.12
http://image.baidu.com　　　　　　　　　　　　p.12, 15, 16

Part 3
https://www.sutterstock.com　　　　　　　　　　　　p.50

Part 4
https://www.sutterstock.com　　　　　　　　　　　　p.68-69

Part 5
https://www.sutterstock.com,　　　　　　　　　　　　p.82-83
http://www.image.baidu.com

Part 6
https://www.sutterstock.com　　　　　　　　　　　　p.90-91

Part 7
https://www.sutterstock.com　　　　　　　　　　　　p.102

Part 8
https://www.sutterstock.com　　　　　　　　　　　　p.118, 122-123

Part 9
http://image.baidu.com　　　　　　　　　　　　p.136, 138-139

Part 10
http://image.baidu.com　　　　　　　　　　　　p.148-149

Part 11
http://image.baidu.com　　　　　　　　　　　　p.160-161

※위에 언급하지 않은 자료들은 저작자나 출판사가 저작권을 가지고 있습니다.

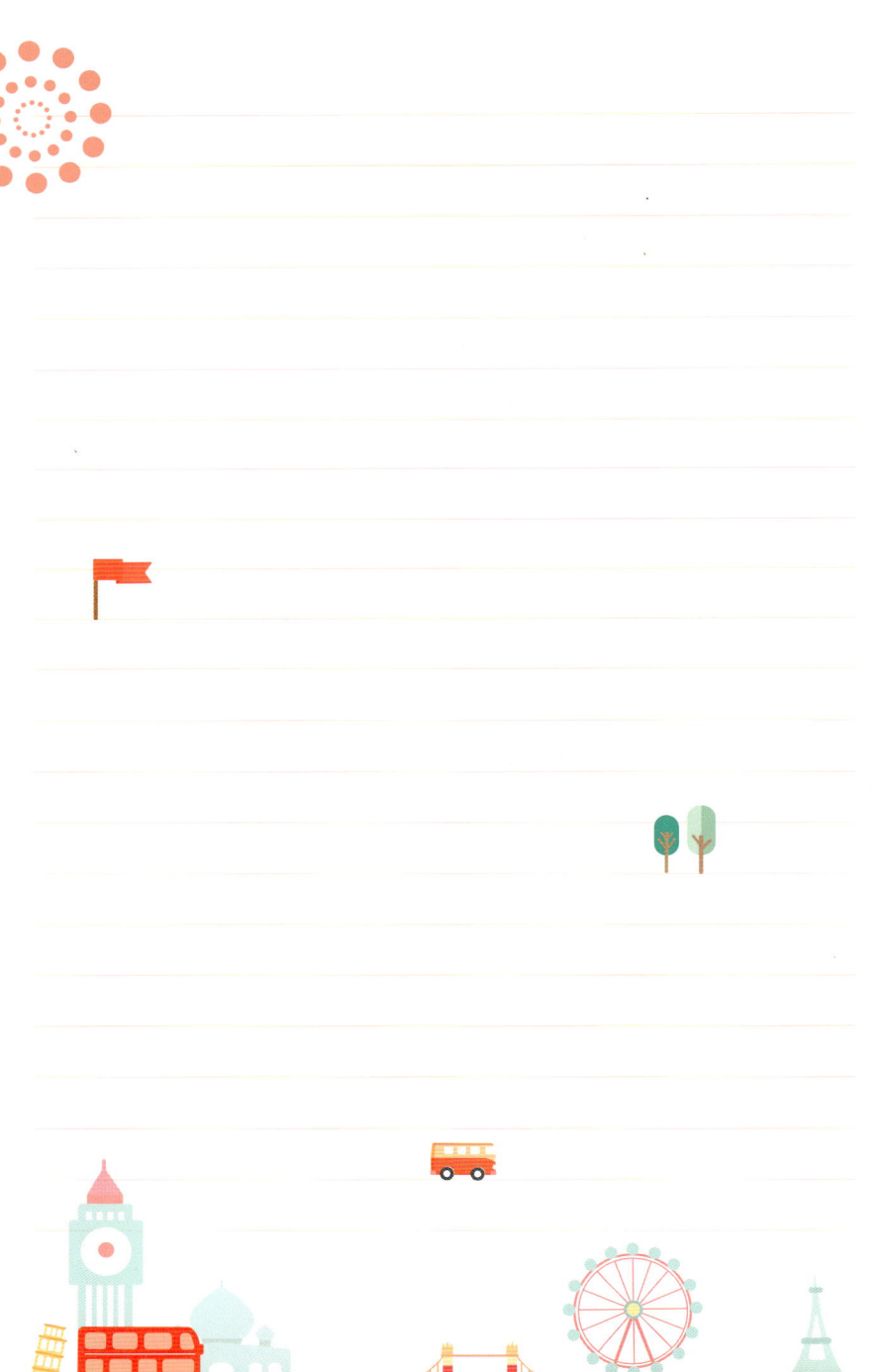

나의 여행 메이트(핸드북)

휴대폰 로밍하기
여행 예산 정리하기
여행 준비물 체크 리스트
최종 점검 체크 리스트

휴대폰 로밍하기

01 통신사 해외 로밍
요즘은 별도의 해외 로밍 신청 없이도 자동으로 로밍이 가능한데, 불가능한 휴대폰도 있을 수 있으므로 통신사에 전화해 물어보는 것이 안전하다. 또한, 통신사마다 다양한 로밍 상품을 판매하므로 자신이 사용하는 통신사 고객센터로 전화하거나 홈페이지에 들어가 확인하면 된다. 로밍 신청은 출발하는 당일 공항의 로밍 센터에서도 역시 가능하다.

자동 로밍이 되지 않길 원하면 통신사에 미리 신청해 차단하거나 휴대폰에서 '데이터로밍 차단 설정'을 하면 된다.

통신사	로밍 전문 고객센터 전화번호
SK	02-6343-9000
KT	02-2190-0901
LG유플러스	02-3416-7010

02 중국 선불 유심카드 (★ *가장 추천하는 방법*)
유심 카드를 구매해 사용하는 것이 제일 저렴한 방법이다. 한국에서 인터넷을 통해 미리 구입할 수 있고, 중국에서 공항이나 시내의 휴대폰 대리점에 가서도 구매 가능하다. 대표 통신사로는 '이동(移动)'과 '연통(联通)'이 있다.

03 포켓 와이파이
해외 여행을 갈 경우에 제일 많이 이용하는 방법 중 하나이다. 여러 명이 함께 여행 가서 인터넷을 사용할 때 특히 편리하다.

여행 예산 정리하기

숙소		식비	

합계 :   합계 :

교통		기타	

합계 :   합계 :

Memo

여행 준비물 체크 리스트

• 필수품들	Check!
ex) 여권, 환전한 돈 등	

• 생활 필수품

ex) 치약, 칫솔, 비상약 등

• 의류 및 기타

ex) 잠옷, 운동화, 선글라스

• 여행 용품

ex) 지도, 가이드북 등

★ 가져 가면 좋을 것들!
① 비상약 : 소화제, 지사제, 일회용 밴드 등은 가급적 챙겨 가는 것이 좋다.
② 신용카드 : 현금이 부족한 상황이 발생할 수 있으므로 해외에서도 사용 가능한 카드를 가져 가는 것이 좋다.
③ 휴지 및 물티슈 : 공중화장실에 휴지가 없는 경우가 많기도 하고, 길거리 음식을 먹다 흘릴 수 있기 때문에 챙겨 가면 좋다.

최종 점검 체크 리스트

□ **여권**

출입국 시 반드시 필요하므로 출발하기 전에 다시 한번 점검하자.

□ **E-ticket**

사실 여권만 있어도 문제는 없으나 간혹 E-ticket을 보여달라고 하는 상황이 생기므로 출력해 챙겨두자.

□ **서류**

만일의 사태를 대비해 여권 복사본, 호텔 예약서 등을 준비하자.

□ **비자**

중국은 반드시 비자가 필요하므로 사전에 준비해 둬야 한다.

□ **휴대용 배터리**

휴대용 배터리를 챙겨가면, 휴대폰뿐만 아니라 노트북 등 충전이 용이하다.

□ **충전기**

휴대폰 충전기나 연결 가능한 어댑터도 챙기자.

□ **위안화**

국내 은행에서 미리 환전해 가는 게 가장 환율이 좋고 안전하다.

□ **필기도구**

입국 관련 서류를 작성하거나 메모할 때 볼펜이 생각보다 자주 필요하므로 하나 챙기는 것이 좋다.

□ **보조 가방**

여권이나 귀중품, 휴지 등 소지품을 넣고 다니기에 좋다.

※ 휴대용 배터리는 수하물로 부칠 수 없으므로 꼭 기내에 가지고 탑승하자.

긴급 연락처
입국 신고서 작성법
중국 화폐 미리보기
중국에서 한국으로 전화하기
생존 표현 20

긴급 연락처

중국 내 주요 긴급 전화번호
- 범죄 신고 : 110
- 구급 센터 : 120
- 화재 신고 : 119
- 교통 사고 신고 : 122

주 중국 대한민국 대사관
- 근무 시간 : 10-8531-0700
- 근무 시간 외 : 186-1173-0089

카드 분실 신고 전화번호
- KB국민카드 : (+82)-2-6300-7300
- 하나카드 : (+82)-2-1599-1133
- 우리카드 : (+82)-2-2006-5000
- 신한카드 : (+82)-2-3420-7000
- 롯데카드 : (+82)-2-1588-8300
- 삼성카드 : (+82)-2-2000-8100

※ 카드 분실 신고는 전화, 홈페이지, 스마트폰 어플 등을 통해서 가능하다.

중국 내 항공사 서비스센터
- 대한항공 : 40065-88888
- 아시아나항공 : 400-650-8000
- 중국남방항공 : 4006695539-2-4-1
- 중국동방항공 : 95530

※ 중국 국가번호는 +86이다.

입국 신고서 작성법

外国人入境卡 / ARRIVAL CARD

请交边防检查官员查验 / For Immigration clearance

- 姓 ① _____ Family name
- 名 ② _____ Given names
- 国籍 ③ _____ Nationality
- 护照号码 ④ _____ Passport No.
- 在华住址 ⑤ _____ Intended Address in China
- ⑥ 男 Male □ 女 Female □
- 出生日期 ⑦ _____ Date of birth
- ⑧ 入境事由(只能填写一项) Purpose of visit(one only)
  - 会议/商务 Conference / Business □
  - 访问 Visit □
  - 观光/休闲 Sightseeing in leisure □
  - 探亲访友 Visiting friends or relatives □
  - 就业 Employment □
  - 学习 Study □
  - 返回常住地 Return home □
  - 定居 Settle down □
  - 其他 Others □
- 签证号码 ⑨ _____ Visa No.
- 签证签发地 ⑩ _____ Place of Visa Issuance
- 航班号/船名/车次 ⑪ _____ Flight No./Ship's name/Train No.

以上申明真实准确。 ⑫
I hereby declare that the statement given above is true and accurate.

签名 Signature ⑬ _____

① 여권과 동일하게 자신의 성을 적는다.
   예) 성이 김이라면 'KIM'을 쓴다.
② 여권과 동일하게 성을 제외한 이름을 적는다.
③ 국적을 적으면 된다(KOREA 또는 韩国).
④ 여권번호
⑤ 자신이 묵을 숙소 주소를 적으면 된다.
⑥ 성별 체크하기 男(남) / 女(여)
⑦ 생년월일
⑧ 입국 목적 체크하기
⑨ 여권에 부착된 비자의 번호를 적으면 된다.
⑩ 비자에 적혀 있는 비자 발급지를 적으면 된다.
⑪ 항공편명/선박명/열차명 등을 적으면 된다.
⑫ 상기 신고 내용은 사실과 같습니다.
⑬ 최종 확인 후 서명하면 된다.

입국 목적
회의/비즈니스	방문	관광/레저
친지, 친구 방문	취업	학업
주 거주지로 돌아감	정착	기타

중국 화폐 미리보기

01 인민폐(人民币)

1위안 一元 yì yuán 이 위엔	5위안 五元 wǔ yuán 우 위엔	10위안 十元 shí yuán 스 위엔
20위안 二十元 èrshí yuán 얼스 위엔	50위안 五十元 wǔshí yuán 우스 위엔	100위안 一百元 yìbǎi yuán 이바이 위엔

02 중국의 화폐 단위

구어체	块 kuài 콰이	毛 máo 마오	分 fēn 펀
문어체	元 yuán 위엔	角 jiǎo 지아오	分 fēn 펀

★ 1元 = 10角 = 100分

회화에서는 주로
元 대신 块를
角 대신 毛를 사용한다.

중국에서 한국으로 전화하기

01 로밍 휴대폰 이용해 전화하기!

① 일반 전화로 걸 때

국가 번호(82) 누르고 ▶ 지역 번호의 0을 뺀 상대방 전화번호 입력!

㉠ 서울(02)의 888-8888로 전화를 거는 방법은?
+82-2-888-8888

② 휴대폰으로 걸 때

국가 번호(82) 누르고 ▶ 앞의 0을 뺀 상대방 전화번호 입력!

㉠ 010-8888-8888로 전화를 거는 방법은?
+82-10-8888-8888

※ 중국 현지에서 현지로 전화를 걸 때는 지역번호 또는 식별번호 누르고 → 상대방 전화번호 입력!

02 와이파이를 이용해 전화하기

내가 이용하는 휴대폰이 스마트폰이라면 다양한 어플을 사용해 전화하거나 메시지를 전송할 수 있다. 와이파이가 제공되는 장소에서 이용하면, 무료로 이용할 수 있고 유심칩을 구매했다면 장소에 제한을 받지 않고 연락을 주고 받을 수 있다. 추천 어플로는 카카오톡, 라인, 위챗이 있다.

생존 표현 20

고마워요.
Thank you.

씨에시에.
谢谢。
Xièxie

미안해요.
I'm sorry.

뚜이부치.
对不起。
Duìbuqǐ

제 이름은 ~예요.
My name is ~.

워 찌아오 ~.
我叫~。
Wǒ jiào ~.

저 중국어 못해요.
I can't speak Chinese.

워 부 후이 슈어 한위.
我不会说汉语。
Wǒ bú huì shuō Hànyǔ.

못 알아 듣겠어요.
I don't understand.

워 팅부동.
我听不懂。
Wǒ tīngbudǒng.

뭐라고요?
Pardon me?

션머?
什么?
Shénme?

다시 한번 말씀해 주세요.
Say it again please.

칭 짜이 슈어 이 삐엔.
请再说一遍。
Qǐng zài shuō yí biàn.

화장실은 어디예요?
Where is the restroom?

시쇼우지엔 짜이 날?
洗手间在哪儿?
Xǐshǒujiān zài nǎr?

지하철역은 어떻게 가요?
How can I get to
the subway station?

띠티에짠 쩐머 쪼우?
地铁站怎么走?
Dìtiězhàn zěnme zǒu?

사진 좀 찍어 주세요.
Would you please
take my pictures?

커이 빵 워 파이 쟝 쨔오피엔 마?
可以帮我拍张照片吗?
Kěyǐ bāng wǒ pāi zhāng zhàopiàn ma?

생존 표현 20

이거 얼마예요?
How much is it?

쩌거 뚜어샤오 치엔?
这个多少钱?
Zhège duōshao qián?

할인해 주세요.
Could you give me a discount?

피엔이 디알 바.
便宜点儿吧。
Piányi diǎnr ba.

이걸로 할게요.
I'll take this one.

워 야오 쩌거.
我要这个。
Wǒ yào zhège.

필요 없어요.
No, thanks.

부 야오 러.
不要了。
Bú yào le.

좋아요.
Okay.

하오.
好。
Hǎo.

메뉴판 주세요.
Could you give me the menu, please?

칭 게이 워 칸 이씨아 차이딴.
请给我看一下菜单。
Qǐng gěi wǒ kàn yíxià càidān.

이거 주세요.
I'll have this, please.

게이 워 쩌거.
给我这个。
Gěi wǒ zhège.

영수증 주세요.
Give me a receipt, please.

칭 게이 워 파피아오.
请给我发票。
Qǐng gěi wǒ fāpiào.

가능해요.
That's okay.

싱(=커이).
行(=可以)。
Xíng(=Kěyǐ).

안 돼요.
I'm afraid not.

뿌 싱(=뿌 커이)
不行(=不可以)。
Bù xíng(=bù kěyǐ).

월별 스케줄표(달력)

하루 스케줄표

노트

개인 정보&여권 정보

MONTH

요일													
계획													

Mon	Tue	Wed	Thu

Fri	Sat	Sun	Check

MONTH

요일														
계획														

Mon	Tue	Wed	Thu

Fri	Sat	Sun	Check

Day 01

날짜　　　　　　　　　　　　　　　목적지

가는 방법　　　　　　　　　　　　가서 해야 할 일

-
-
-
-
-

☐
☐
☐
☐
☐

가서 사야 할 것　　　　　　　　　가서 먹을 것

하루 스케줄

오전　　　　　해야 할 일

오후　　　　　해야 할 일

예산 한도

지출 내역

Day 02

날짜　　　　　　　　　　　　　목적지

가는 방법　　　　　　　　　　가서 해야 할 일

- ○
- ○
- ○
- ○
- ○

- ☐
- ☐
- ☐
- ☐
- ☐

가서 사야 할 것　　　　　　　가서 먹을 것

하루 스케줄

오전　　　　　해야 할 일

오후　　　　　해야 할 일

예산 한도

지출 내역

Day 03

날짜 목적지

가는 방법 가서 해야 할 일

가서 사야 할 것 가서 먹을 것

하루 스케줄

오전   해야 할 일

오후   해야 할 일

예산 한도

지출 내역

Day 04

날짜　　　　　　　　　　　　　목적지

가는 방법　　　　　　　　　　　가서 해야 할 일

-
-
-
-
-

가서 사야 할 것　　　　　　　　가서 먹을 것

하루 스케줄

오전　　　　　해야 할 일

오후　　　　　해야 할 일

예산 한도

지출 내역

Day 05

날짜 목적지

가는 방법 가서 해야 할 일

가서 사야 할 것 가서 먹을 것

하루 스케줄

오전   해야 할 일

오후   해야 할 일

예산 한도

지출 내역

Note

Note

개인 정보

- 이름
- 생일
- 국가
- 전화번호

여권 정보

- 영문 이름
- 여권 번호
- 여권 발행일
- 여권 만료일